VINDOBONA
VERLAG SEIT 1946

ROBERT FRIPP

# Was ich in mir trage

VINDOBONA
VERLAG SEIT 1946

Bibliografische Information
der Deutschen Nationalbibliothek:

Die Deutsche Nationalbibliothek
verzeichnet diese Publikation in
der Deutschen Nationalbibliografie.
Detaillierte bibliografische Daten
sind im Internet über
http://www.d-nb.de abrufbar.



**www.vindobonaverlag.com**


in der novum publishing gmbh
Rathausgasse 73, A-7311 Neckenmarkt
office@vindobonaverlag.com

ISBN 978-3-903574-79-3
Lektorat: Juliane Johannsen
Umschlagfoto:
Eti Swinford | Dreamstime.com
Umschlaggestaltung, Layout & Satz:
Vindobona Verlag
Innenabbildungen: Robert Fripp

Die vom Autor zur Verfügung gestellten
Abbildungen wurden in der bestmög-
lichen Qualität gedruckt.

Gedruckt in der Europäischen Union
auf umweltfreundlichem, chlor- und
säurefrei gebleichtem Papier.

Wenn einer versucht, etwas zu verändern,
werden vielleicht drei ihm folgen.
Mag es gelingen oder nicht,
zehn weitere werden davon erfahren.

## Inhaltsverzeichnis

# Vorwort

Das Glück ist ein Zigeuner, es bleibt nicht lang an ein und demselben Ort. Man kann es nicht einsperren. Gedanken, welche in besonderen Momenten geboren werden, sollte man aufschreiben. Man wird die Momente konservieren für alle Ewigkeit. Sie werden in Zeilen auf dem Papier weiterleben, die guten und die schlechten, sie gehören nun mal zusammen. Sie halten sich nicht an Reihenfolgen, nein. So kann auf die größte Liebe das größte Unglück folgen, nach Regen wird die Sonne scheinen, nach dem Tod entsteht neues Leben, nach einer erloschenen Leidenschaft vielleicht eine neue Sensation. Mir ist klar, dass man heute für einen Spinner gehalten wird, wenn man Verse niederschreibt, wenn man versucht, Dinge anders zu beschreiben ... Was soll ich sagen, ich tue es trotzdem und werde es weiter tun. Natürlich bin ich ein Spinner, na und? Verse sind wie Medizin, man denkt über all dies nach und bepinselt es mit etwas Muse. Am Ende ist das so, als wenn man seine eigene Seele mit einer heilenden Salbe einreiben könnte. Man mag es glauben oder nicht, es funktioniert. Ganz nebenbei hat man die Möglichkeit, anderen etwas mitzuteilen. Der große und unvergessene Olaf Böhme sagte einmal zu mir, die Wucht des Gesagten wäre manchmal zu groß. Ich musste antworten, dass es manchmal nötig ist, alles lückenlos herauszuschreien, damit noch jemand aufschaut, wenn wir von all den schrecklichen Dingen erfahren, welche auch vor unserer eigenen Haustür, oft auch dahinter stattfinden, ja zum Greifen nah. Oder wenn man das Glück nicht mehr sieht, welches uns fast unmerklich täglich und reichlich geschenkt. Wenn man etwas zu sagen hat, sollte man es tun, so laut wie nötig. Glückwünsche oder Anerkennungen, man kann Lehren verteilen, welche man auf manchmal steinigen Wegen selber erdulden musste, man kann Menschen, die unwissend Kälte mit sich tragen, versuchen die Liebe zu erklären und nicht zu vergessen die Liebeserklärungen an sich, kann man sie blumiger gestalten? Eigentlich sollte all dies für immer in irgendeiner Truhe verschwinden. Nur ab und zu gab ich an die Meinen etwas weiter. Anfangs machte ich glauben, sie seien aus einem Buch, sie waren natürlich viel zu schlecht dafür. Doch viele dieser Verse haben geheilt, warum also soll es dieses Buch mit einer kleinen Auswahl dieser schlechten Schreiberei nicht geben, nur einfach so in irgendeinen Schrank. Also begab ich mich nochmals auf diese lange Reise in das tiefe Innere des Seins. Ein paar Gedanken und Erinnerungen, ausgewählt und zusammengefasst auf ein paar Seiten Papier. Worte von Liebe, Tod und dem Leben, von den kleinen und großen Dingen dieser Welt. Die „Guten" werden es vielleicht eines Tages lesen, die „Schlechten" werden es meiden und so soll es auch sein, so und nicht anders war es gedacht. Man kann ihn nicht einsperren, diesen Zigeuner, aber man kann sich Erinnerungen bewahren und darauf achten, dass er nicht stirbt, dieser einzig wahre König. So kehre ich es nach außen, alles, was ich in mir trage.

## Kreuz am Zaun

Dies Bild am Zaun, Meer aus Blumen und Kerzen,
es nimmt Abschied hier grad ein Leben,
ist was passiert, unfassbar Leid,
diesen Tag zu löschen, was würde man für geben.
Nur eine Sekunde, vielleicht nicht mal ganz,
ein Gedanke nicht dort, wo er sollte,
dieser Bruchteil des Lebens, eine riesige Schuld,
hier geschah, was keiner je wollte.
Die falsche Zeit, der falsche Ort,
die Augen sehen verschwommenen Stein,
blau blinkende Lichter, Sirenengeheul,
es wird niemals mehr wie vorher sein.
Die Türen fallen zu, brennende Ruhe kehrt ein,
Augenblicke von Beten und Hoffen,
doch als sie sich öffnen, sagen Blicke schon,
Gott hat die Entscheidung getroffen.
Nur ein verblichenes Bild zeugt von diesem Moment,
keine Kerze mehr brennt, verwelkte Blumen sind fort,
vielleicht wird ein Leben langsam vergessen,
nur der Geist einer Schuld bleibt an diesem Ort.

## Anderes Herz

Warum dieser Wettkampf, warum dieser Zwang,
wer nicht mitkommt, wird niedergetreten.
Mithalten, Dabeisein, ein täglicher Drang,
als ginge es ums Überleben.
In einer Welt, wo es alles gibt,
man müsste nur gleicher verteilen,
doch ignorant werden die Schichten gesiebt,
wo der Dreck bleibt, steht zwischen den Zeilen.

Aber mein Herz sagt etwas anderes,
es ist nicht aus leblosem Stein,
ich schaue mich um und schüttle mich kurz,
und schrei es heraus, dieses Nein.

Täglich die Stunden zu schrumpfen scheinen,
die Zeit, sie wird kürzer, Minuten verrinnen,
wir laufen doch schneller, sollte man meinen,
nur dunkel kann man sich an früher entsinnen.
Was haben wir da nicht für Dinge gemacht,
Stunden voll Freundschaft und Lebensfreude.
Hat das nicht den wirklichen Reichtum gebracht,
nicht diese gefühlte Sattheit von heute.

Aber mein Herz sagt etwas anderes,
es ist nicht aus leblosem Stein,
ich schaue mich um und schüttle mich kurz,
und schrei es heraus, dieses Nein.

Da sind diese Falschen, die uns sagen, wie es geht,
sie stehen auf Listen oder nehmen Beichten ab,
doch zählt nur die Zahl, die am Monatsende steht,
erst kommt das Vertrauen, Tage später dessen Grab.
Sie sitzen in den Palästen und Banken,
große Hoffnung heißt meist nur offene Hand,
die vollen Speicher sind den Hoffenden zu verdanken,
geht es denen schlecht, jagt man sie aus dem Land.

Aber mein Herz sagt etwas anderes,
es ist nicht aus leblosem Stein,
ich schaue mich um und schüttle mich kurz,
und schrei es heraus, dieses Nein.

Wann werden wir endlich wach und wehren uns dagegen,
Gefühle, Liebe und Freundschaft, sie sterben,
wenn nur alle aufstehen, die noch lieben das wahre Leben,
nicht nur die Ware Leben vererben.
Doch wieder nimmt man den seichten Bach,
umgeht den tosenden Fluss durch das Tal,
über ganz unten denken wir später nach,
große Chance vertan ein ums andere Mal.

Der meisten Herz sagt etwas anderes,
es ist nur noch aus leblosem Stein,
ich schaue mich um und schüttle mich kurz,
schrei es weiter und lauter heraus, dieses Nein.

# Text

Wie in diesem Film schwebt da diese kleine Feder herab. Lautlos, kaum bemerkt, mal sinkt sie dahin, ehe ein kleiner Luftzug sie wieder etwas steigen lässt. Da auf der Bank am Rande des kleinen Parks sitzt dieser alte Mann und beobachtet sie. Er beachtet nicht die hell erleuchteten, meist bunt geschmückten Fenster, die festlich geschmückten Stuben dahinter. Es ist wie das Leben, denkt er sich, mal wird man von einem kräftigen Sog nach oben getrieben, um Augenblicke später wieder ins bodenlose zu fallen. Man müsste sie auffangen, denkt er sich. Wieder sieht er sich sitzen als Kind in der duftenden Stube, fast kann er sie noch einmal greifen, die Spannung, ehe man seine Geschenke bekam. Mein Gott, wo ist sie hin, die Zeit. Sie werden weniger, diese Leute, denkt er sich, während er versucht, seine Hände mit warmer Atemluft zu wärmen. Sie folgen alle dem Sog nach oben, kaum einer, der bemerkt, wie schön es hier unten sein kann. Kaum einer, der noch das Brot backen möchte, alle wollen nur noch sagen, wie. Nur der wunderbare Duft ist noch geblieben. Den hat man uns noch nicht genommen, denkt er sich, noch nicht, aber sicher arbeiten sie bereits daran, auch diesen überflüssig zu machen, um eigene Reize zu platzieren. Wer fängt denn heut noch jemanden auf? Wer verzichtet denn heut noch, um anderen zu helfen? Es werden weniger. Bilder ziehen an ihm vorbei, Bilder von fröhlichen Kindern, einer glücklichen Familie. Hab ich denn alles geben können, fragt er sich, was habe ich vergessen? Ich habe doch alles gegeben, solang sie mich brauchten. Eine Straßenkehrmaschine durchdringt die Stille. Die Straßen werden gereinigt, ehe die Geschäfte öffnen und der ganz normale vorweihnachtliche Wahnsinn wieder und wieder als Endlosschleife beginnt. Was hatten wir früher für Zeit, uns auf alles zu freuen, denkt er sich. Wo ist sie hin, warum geht alles so schnell? Während man voller Freude Geschenke noch gebastelt hat, Kinderspielzeug noch reparierte, heute wird entsorgt und per Abend-Express wird, teils noch am selben Tag, Nachschub geliefert. Ist das noch Freude, wissen wir überhaupt noch, was wahre Freude bedeutet? Können wir überhaupt noch lieben, ohne Ansprüche dafür einzufordern? Alle erwarten mehr, aber wollen sie das auch geben? Neue Bilder erscheinen ihm, plötzlich sind alle verschwunden, nur der kleine geschmückte Baum ist noch da in diesem kleinen Zimmer. Ein Kind sitzt allein gedankenversunken davor. Alles hat es schon einmal gegeben, denkt er sich. Er wollte es doch anders machen, wollte doch alle glücklich sehen. Sie werden weniger, diese Leute, flüstert er vor sich hin, während ein kleiner salziger Tropfen über seine Wange rinnt. Vielleicht wird er morgen wieder hier sein können, vielleicht kommt jemand, mit dem er reden kann, vielleicht findet jemand etwas Zeit in diesem hektischen Leben, einfach mal nur da zu sein. Früher kamen sie alle, sie waren doch immer alle da, denkt er sich, während ein dicker schwarzer Rabe versucht, eine Nuss, welche kaum in seinen Schnabel passt, für sich in Sicherheit zu bringen. Es beginnt zu schneien und der alte Mann schlägt seinen Kragen nach oben, während er überlegt, wo er heute etwas zu essen bekommt. Die kleine Feder sinkt langsam wiegend zu Boden und bleibt schließlich dort liegen. Menschen, die es eilig zu haben scheinen, treten sie unbemerkt mit ihren dicken Winterstiefeln tief in den Boden hinein, Schnee bedeckt sie.

## Am Anfang

Am Anfang sind wir doch alle gleich,
was wir daraus machen, das macht uns reich.
Reich durch Liebe, reich durch Lachen,
dies wird das Leben wertvoll machen.
Verständnis auch für die Armen zeigen,
für die diese Schätze verborgen bleiben.
Vielleicht kann man Sie ja im Herzen erreichen,
infizieren und so manche Schuld begleichen,
spätestens dadurch werden wir reich,
am Anfang sind wir doch alle gleich.

## Arm in Arm

Arm in Arm, Hand in Hand,
Menschen, die sich nicht gekannt,
liegen sich heut in den Armen,
es zählt nur Liebe und Erbarmen.

Egal ob Hindu oder Moslem,
ob Jude oder Christ,
niemand mehr auf dieser Erde
Ehrenmord und Krieg vermisst.

Unterschiede akzeptiert,
auch der Letzte hat kapiert,
und aus Hass und Ignoranz
wird die totale Akzeptanz.

Überall heut Korken knallen,
ob in Banken oder Slums,
denn ab heut sind alle gleicher
und die ganze Menschheit reicher.

Unterdrückung, Folter, Mord,
nur noch in alten Büchern steht,
der Henker heut zum Pfleger wird,
der Richter fromm nach Hause geht.

Ob schwarz, ob weiß, ob gelb, ob rot,
wen interessiert der Unterschied,
Mensch ist Mensch und Mensch heißt gleich,
jeder tritt ins erste Glied.

Keiner hier mehr Hunger spürt,
Kinderweinen abgeschafft.
Das Schicksal des andren berührt,
ein jeder hat sich aufgerafft.

Ich wache auf ganz schweißgebadet,
vor Glück beginne ich zu schreien,
ich renn zur Tür, hol meine Zeitung,
mein Herz scheint zu stehen,
als ich schaue hinein.

## Text

Ich war gestern in diesem Kinderheim.
Das war kein Gefängnis, ich konnte sie sogar lachen sehen. Kuchen stand auf dem Tisch, alle waren irgendwie am Laufen, jeder hatte seine eigene Beschäftigung. Aber da sind Türen, die zugehen und die Außenwelt verblassen lassen, Türen, die ein Quäntchen an Liebe konservieren. Aber die Welt liegt da draußen, vor diesen Türen, und genau die hat sie hierher getrieben. Schon wirkt alles anders, grauer als man es im ersten Augenblick empfindet. Man ist durch den Rost gefallen, würde manch einer sagen, die haben es wohl nicht anders gewollt, der Nächste, wer weiß, warum die hier sind, sicher frühkriminell, meinte ein Dritter. Die Jugend taugt heute doch rein gar nichts mehr. Kein Wunder, dass hier nichts mehr wird. Aber Liebe haben sie nie erfahren, Zuneigung für die meisten ein Fremdwort. Sie waren da und wurden nicht mehr gewollt. Sie waren da und niemand war in der Lage, ihnen das zu geben, was uns zu Menschen macht. Liebe, Zuneigung, Geborgenheit werden durch Ignoranz, Gleichgültigkeit, Unfähigkeit, im schlimmsten Falle durch Hass und Gewalt weggeschlossen und ausradiert. Irgendwann müssen sie aber hinaus in die Welt, in ein Leben, wo all die schlimmen und die guten Dinge sich die Waage halten. Aber auf welche Seite sollen sie sich schlagen, wenn sie die gute nie kennengelernt haben, hier draußen im Leben. Die andere Seite ist ihnen vertraut. Die Welt ist schlecht, werden sie sich vielleicht sagen, machen wir das Beste daraus. Andere haben Träume, sehen die brasilianischen Fußballer oder große Boxer, Rockstars, die haben es doch auch geschafft, werden sie sich sagen, während sie die unglaublichen Storys auf den bunten Seiten einer dieser Jugendmagazine voller Staunen in sich hinein saugen.
Ich war gestern in diesem Kinderheim und hatte Angst. Ich hatte Angst, weil ich sie ehrlich lachen sah. Ich hatte große Angst, dass sie es eines Tages wieder verlernen werden.

## Heim

Sehe in die Augen voller Trauer,
Blicke unsäglich getrübt,
um sie herum eine massive Mauer,
wurden noch niemals geliebt.

Da sind diese kurzen Momente,
ein Stück Kuchen oder ein gutes Wort,
man lacht, immer vor Augen das Ende,
denn für sie gibt es all dies nur an diesem Ort.

Die Welt liegt doch auch vor diesen Türen,
Türen, die führen ins Leben,
doch in dieser Welt wird man sie ignorieren,
niemand wird ihnen dort Liebe geben.

Sehe in die Augen, die nicht wissen können,
Blicke schweifen fragend umher,
was man hat, wird man denen nicht gönnen,
denen hilft man da draußen nicht mehr.

Doch die Augen, sie können auch lachen,
man sieht es, blickt man tiefer hinein,
man muss sich nur öfter die Mühe machen,
viele dieser Augen könnten unter uns sein.

## Aus der Ferne

Ich kenn dich nur von ein paar Zeilen,
Buchstaben, Worte, ein Bild nur von dir,
ich klebe dran, könnt drauf verweilen,
ich weiß du gehörst wohl zu mir.

Fünf Menschen nur auf dieser Erde,
so sagt man, seien für einen gemacht,
wer schickte mich auf diese Fährte,
wer hat dich in mein Leben gebracht.

Doch ich kenne dich nur aus der Ferne
und doch glaub ich, dich täglich zu spüren,
was würd ich drum geben, zu Fuß lief ich gerne,
nur um endlich dich zu berühren.

Ich kenn nicht einmal deine Stimme,
doch du flüsterst mir täglich ins Ohr,
der Klang raubt mir jegliche Sinne,
stell in meinen Armen dich vor.

Ich hoffe, der Tag, er wird kommen,
du stehst mit deiner Schönheit vor mir,
viel zu viel Zeit ist jetzt schon verronnen,
mein Herz wartet, komm, ich schenke es dir.

## Unverstandene Welt

Ich verstehe diese Welt nicht mehr,
Menschlichkeit wird zum Luxus,
die Gewalt kommt immer mehr daher,
die Menschen setzen das Denken aus,
falsche Ideale, wir sitzen im Kartenhaus.

Im ganzen Land ragten Mauern empor,
Zäune wie Messer und Mienen aus Stahl,
Eltern und Kinder dahinter, davor,
sich sehen, meist unmöglich, jeder Versuch eine Qual.
Dann hat man die Mauern niedergeschrien,
das Feuer der Freiheit neu entfacht,
man hat auf die Trümmer und die Tyrannen gespien
und Brüder wieder zu Brüdern gemacht.
Nun war man frei, könnt das Leben beginnen,
doch es regnet kein Glück, das muss man erzwingen
und plötzlich ertönt da immer lauter der Schrei,
man wünscht Zäune und Mauern schon wieder herbei.
Unbelehrbar wünscht man Tyrannei wieder her,
ich verstehe diese Welt nicht mehr.

Jeder sagt nur noch Ja, keiner regt sich mehr auf,
und liegt einer am Boden, dann haut man noch drauf.
Jeder tut alles nur, weil es so ist,
niemand, der neue Ideen vermisst,
die Schubladen sind offen, wir klettern hinein,
kaum jemand hat Mut, hier noch anders zu sein.
Fast niemand kommt noch mit Ideen daher,
die Welt zu verändern, ich versteh sie nicht mehr.

Ferne Welten, der Orient,
Menschen, die von uns kaum einer kennt.
Männer und Frauen leben, lieben dort auch,
nur anders als wir, doch das ist Ihr Brauch.
Doch wir hinterfragen, warum sie so sind,
Terroristen Tyrannen, das weiß jedes Kind,
doch warum sollen sie leben und denken wie wir,
ihr Glauben, der ist eine magische Macht,
sind sie denn darum etwa schlechter als wir,
was haben denn unsere Kulturen gebracht,
und Ihr glaubt an Gott, schickt ihnen Bomben und Heer,
ich verstehe diese Welt nicht mehr.

Die Diskussionen über Gott und die Welt,
das ist es, was uns am Leben hält,
schön ist, wenn man alles sagen kann,
der andre einem auch mal vergibt,
auch wenn man total daneben liegt,
der andre einen weiter liebt.
Muss doch auch sagen können, was mir nicht passt
und was mir unter den Nägeln brennt,
ich versteh nicht, warum man mich dafür hasst
und im Zorn einfach auseinander rennt.
Immer öfter verhallt mein Ich liebe dich sehr,
ich verstehe diese Welt nicht mehr.

Ich mag nicht die Menschen, die aus Pflichtgefühl beten,
nur weil man ein Christ ist auf dem Papier,
genau die sind's, die hinter dem Rücken reden
und ihre Jünger missbrauchen dafür.
Ich mag sie nicht diese prunkvollen Häuser,
welche wir oft verschlossen in Städten sehen,
denn wenn sie das sind, für was sie sich preisen,
müssen sie immer und jedem offenstehen.
Ich sehe die Mächtigen in Rom, die uns die Welt erklären,
nur ein stumpfsinniges heuchelndes Heer.
Ich versteh nicht, warum wir all das dulden,
und somit unsere Welt nicht mehr.

## Das Buch der Liebe

Da stand er vor mir, der zerlumpte Typ,
fragender Blick, wo soll ich bleiben.
Verlassen und vergessen er schaute mich an,
sollt mit fünf Worten die Liebe ihm beschreiben.
Erst will ich weitergehen, bleib dennoch stehen,
schau in seine Augen klar und wach,
was treibt ihn hierher, wo kalte Winde wehen,
was war der Grund, warum der Ast zerbrach.

Ist denn das Buch der Liebe schon geschrieben,
Komödie, Drama, Phantasieroman,
was ist am Ende vom Anfang denn geblieben,
wo hört es auf, wo fängt es an.

Ich holte Luft, begann zögernd zu erzählen.
Das Glück, das gehört unbedingt dazu,
wo man geboren wird, kann man nicht wählen,
wo Not herrscht, findet man keine Ruh.
Ohne Hunger Gewalt und Qualen
und mit Eltern, die dich lieben,
kannst den Lohn dafür den eigenen Kindern zahlen,
dass auch sie im sicheren Fahrwasser blieben.

Ist denn das Buch der Liebe schon geschrieben,
Komödie, Drama, Phantasieroman,
was ist am Ende vom Anfang denn geblieben,
wo hört es auf, wo fängt es an.

Und dann der Mut, den andren beizustehen,
bedingungslos, wie der Preis auch sei,
wenn sie knechten, nicht einfach wegzusehen,
mittendrin, statt einfach nur dabei.
Wenn alle sitzen bleiben, aufzustehen,
herausschreien, was man eben denkt,
wenn alle andren sich verkriechen,
man Dinge in die richtige Richtung lenkt.

Ist denn das Buch der Liebe schon geschrieben,
Komödie, Drama, Phantasieroman,
was ist am Ende vom Anfang denn geblieben,
wo hört es denn auf, wo fängt es an.

Das Gefühl, wenn man glaubt, das Herz bleibt stehen,
und im nächsten Augenblick schnell rennt,
wenn man glaubt, nur Regenbogen noch zu sehen,
und wenn sie weg ist, eine Sehnsucht brennt.
Es sitzt auf der Haut, wenn sie sich berühren,
es schwebt über ihnen, wenn andere sie sehen,
es kommt täglich neu, wenn sie sich verführen,
ist ständig da, könnte niemals vergehen.

Ist denn das Buch der Liebe schon geschrieben,
Komödie, Drama, Phantasieroman,
was ist am Ende vom Anfang denn geblieben,
wo hört es auf, wo fängt es an.

Ein Kind, das schlägt die Augen auf und lacht dich an,
es dankt für dieses Leben,
wer niemals wusste, wie man fühlen kann,
wird es in diesen Augenblicken erleben,
die kleine warme Hand auf deinem Arm,
jeder Laut, jede Geste, das erste Wort,
sein blindes Vertrauen und du hältst es warm,
wo ihr zusammen seid, ist der einzig richtige Ort.

Ist denn das Buch der Liebe schon geschrieben,
Komödie, Drama, Phantasieroman,
was ist am Ende vom Anfang denn geblieben,
wo hört es auf, wo fängt es an.

Und dann Geborgenheit für die Alten,
deren Leben dem Ende sich neigt,
die ihr Leben geschuftet, gezeichnet von Falten,
die stets uns anderen die richtigen Wege gezeigt,
es kommt der Tag, da schwindet die Kraft,
sie haben uns alles gegeben,
sie hätten sich für uns aufgerafft,
es ist unsere Pflicht, es jetzt ihnen zu geben.

Ist denn das Buch der Liebe schon geschrieben,
Komödie, Drama, Phantasieroman,
was ist am Ende vom Anfang denn geblieben,
wo hört es auf, wo fängt es an.

Er schaute mich an, ich habe Gefühl,
heut fass ich den Mut, hole Eltern, Frau und Kind zurück,
seit sie gingen, ist alles sinnlos und kühl,
werde ihnen geben diese Geborgenheit und Glück.
werd mich zerreißen, Schluss mit Ignoranz und Gewalt,
ich hab den Mut, es endlich zu beginnen,
nie wieder wird es um uns dunkel sein und kalt,
mit nur fünf Worten werd ich es erzwingen.

Ist denn das Buch der Liebe schon geschrieben,
Komödie, Drama, Phantasieroman,
was ist am Ende vom Anfang denn geblieben,
wo hört es auf, vielleicht heut fängt es an.

# Das Schiff

Es gibt Dinge, von denen man glaubt, dass es sie gibt,
und täglich steht man am Meer und wartet auf ein Schiff
und dass jemand sagt:
Hey steig auf und lass uns zusammen dort hinfahren.
Es gibt Dinge, von denen man glaubt, dass es sie gibt.

## Die eigene Welt

Aber wo seid ihr denn, wenn ich euch Gutes tue,
wenn ich euch helfe, die Welt zu verstehen,
eine Welt, die ich selber erschaffen hab,
mit der es gelingt, durch all diese Zeiten zu gehen.

Ihr seht wie ich Dummheit und Ignoranz,
die sich vermehren übers Land mit dem Wind,
so wie ich seht ihr all die Arroganz,
mit der man uns belügt ob alt oder Kind.

Da tut es gut, ein Stück Gemeinsamkeit,
gemeinsam mit all seinen Lieben,
ich genieß es, um zu vergessen all das Leid,
doch viel ist davon nicht geblieben.

Wo seid ihr, wenn ich euch Gutes tue,
ich verlang keinen Dank, nur ein Lächeln, einen Blick,
doch meist braucht jeder nur seine Ruhe,
ein wenig Gemeinsamkeit, nur Zwang und Pflicht.

Jeder geht nur seiner eigenen Wege,
Zusammenhalt nur Schall und Tara,
zuhören und verstehen nur eine leere Rede,
denn wenn ich euch brauche, ist keiner da.

Ich liebe die Minute, die Stunde, den Tag,
an denen wir lachen und uns verstehen.
Ich liebe den Rotwein, Umarmung, den guten Rat,
die Sonne zusammen aufgehen sehn.

Warum so viel Streit, so wenig Verstehen,
das Leben birgt doch Schönes für jedermann,
warum können dies selten alle sehen,
warum läuft man nur gegen Mauern an.

Anderswo herrscht der hässliche Krieg,
anderswo gibt es kaum was zu essen,
an diesen Orten ist Überleben ein Sieg,
was anderswo ist, haben wir längst vergessen.

Da braucht man ihn noch, den Zusammenhalt,
einfach, um ein bisschen zu leben,
da hat man nichts und die Zeiten sind kalt,
doch hier würde man sich alles geben.

Da zählt nicht ein falsch gesagtes Wort,
da weiß man, was Freundschaft und Liebe bedeuten,
manchmal wünsch ich uns an so einen Ort,
ich glaube nicht, dass wir dies bereuten.

Man könnte viel lernen in so einer Zeit,
die Mauern sie würden verschwinden,
wärt Ihr für diese Welt dort bereit,
wir könnten alles überwinden.

Kämen wir zurück, vielleicht versteht man mich dann,
wie ich fühle und liebe, ja wie ich dies meine,
vielleicht rückte man dann etwas näher heran,
und betrachtet meine Welt als die seine.

Man verstünde, dass nicht alles böse ist,
nur weil man es nicht so sieht,
man verstünde, dass jeder alles sagen kann,
und der andere einen trotzdem liebt.

Ihr seid dann da, wenn man Gutes tut,
ihr werdet die Welt verstehen,
diese Welt, die ich mir erschaffen hab,
um mit euch durchs Leben zu gehen.

## Die ersten Stunden

Ich weiß noch der kalte Januartag,
ein Hähnchen, das ich aß, war noch warm,
doch irgendwie war es an diesem Tag
zu hart für den kranken Zahn.

Ich war auf der Straße, lief ziellos umher,
der Zahn begann höllisch zu schmerzen,
doch das Kribbeln im Bauch, es war stärker als er,
und so war mir doch eher zum Scherzen.

Die Zelle aus Glas und das Telefon,
die wichtigsten Dinge auf Erden,
endloses Klingeln, nun macht doch schon,
mein Wunder soll heute werden.

Dann war es so weit, das Wunder war da,
ein neuer Mensch war geboren,
das passiert jeden Tag ein paar Tausend Mal,
doch diesmal war ich zum Vater erkoren.

Ich weiß noch der kalte Januartag,
als ich dich zum ersten Mal sah,
die erste Berührung, dein erster Blick,
ein Gefühl, unbegreiflich und nah.

Der weiße Kittel, das Pflaster, Vater stand darauf,
mein Herz konnte man im Gang schlagen hören,
wir sind unverwundbar, ich pass auf Dich auf,
mein Leben lang, das kann ich dir schwören.

Unendlich stolz hielt ich dich auf dem Arm,
ich gab dir die Flasche, du schliefst dabei ein,
mit meinem Körper hielt ich dich warm
und fing mir dafür ein Lächeln ein.

Tausende Tage sind seither vergangen,
doch die Erinnerung wird niemals vergehen,
dieses Wunder eingebrannt, in mir verfangen,
seit es an jenem Januartage geschehen.

## Der Reichtum, den ich meine

Die Zeit, die man verbringen darf,
mit dem Menschen, den man liebt,
sind Geschenke besonderer Art,
welche es niemals zu kaufen gibt.

Was ist das Geld der Welt schon wert,
Haus, Hof und Autos, große Scheine,
täglich lieben und geliebt zu werden,
dies ist der Reichtum, den ich meine.

Wenn man nachts nicht schlafen kann,
wenn der andere fehlt
oder bei einer Träne von ihm
das Herz sich endlos quält.

Wenn der andere in der Nähe ist,
das Herz viel schneller schlägt,
arm ist der, welcher dies nicht vermisst
und sich allein schlafen legt.

Täglich will ich die Liebe schenken
und dich aufs Neue berühren,
täglich wird dieser Reichtum wachsen
und wir mit ihm du wirst es spüren.

## Das Körnchen

Dies kleine Körnchen geschickt auf eine Reise,
getragen durch einen winzig kleinen Federschirm,
es sucht Geborgenheit und Halt auf diese Weise,
fruchtbaren Boden, wo es wachsen kann, soll's sein.

Und an der Stelle, wo es landet, muss es passen,
schon schlagen erste kleine Wurzeln aus,
beginnt das Keimen, muss man es sachte wachsen lassen,
dann wird schon bald ein kleines Pflänzlein daraus.

Braucht täglich Pflege, nur so wird es Rinde bilden,
welche es schützt vor einfacher Gefahr,
so wird es kräftiger und wird sich verzweigen,
ein kleines Bäumchen in kaum einem Jahr.

Und eines Tages begann er gar zu blühen,
ein Bild von Gottes Hand gemalt,
es wuchs die Frucht daraus mit ungeheuren Mühen,
mit Liebe und viel Zuwendung bezahlt.

Hat sich vermehrt, nun steht ein stolzer Baum,
der in dieser Größe seines Gleichen sucht,
auch bei Sturm und Wetter kann man ihm vertrau'n,
endloses Leben über den Tod hinaus gebucht.

## Von Dingen, die passieren

Groß und unbeschreiblich Dinge passieren,
unglaublich, doch wahr, die Lawine rollt,
diese Dinge können Leben reparieren,
im Gestern noch Stroh, heute schon Gold.

Gestern uns noch zu den Sternen geträumt
und heute schon dort angekommen,
die Liebe hat sich aufgebäumt
und hat uns beide mitgenommen.

Du stehst vor mir so ganz in Weiß,
unfassbar, unbeschreiblich, hast mir die Sinne genommen,
sprachlos steh ich da, Gefühle glühend heiß,
ich bin im Himmel angekommen.

Du, meine Frau, und das wird immer so bleiben,
unendliche Liebe wir uns täglich schenken.
Niemand kann Keile zwischen uns treiben,
werden uns wissend selber lenken.

# Der Graue Brief

Am 3.10.2009 war es so weit, Erfassung von Wehrpflichtigen mit 17 Jahren. Na ja, je eher, desto besser, mit 17 macht man sich noch nicht so die Gedanken, denken sie wohl. Oder reagiert nicht, wie sie so sind, „mach ich morgen“ und schon schließt er sich, der Teufelskreis. Schon sind sie in den Fängen derer, die glauben, sie seien allwissend und müssen der Welt sagen, wie sie zu funktionieren hat. Aber sie retten sie nicht, diese Welt, sie machen sie noch schlimmer und vernichten mit ihren Waffen jedes Fünkchen Hoffnung. Einander versuchen zu verstehen, gemeinsam leben, ohne gemeinsam gleich zu denken, sich akzeptieren und tolerieren. Am Ende sind wir alle gleich, alle sind Menschen, welche bis ins Detail gleich funktionieren und dann gibt es da noch die Liebe, sie fühlt sich garantiert überall gleich an.

Achtung: nochmals an alle Registraturen, zerreißt eure Listen oder streicht uns durch. Wir machen bei euch nicht mehr mit. Lasst uns zu diesen Menschen gehen, aber nur zu Besuch, ohne etwas von deren Eigen zu berühren, nur um zu lernen und um zu tolerieren.

Ein grauer Brief in meinem Kasten,
adressiert an meinen Sohn,
sie sind Bürger dieses Staates,
schon daraus klingt der ganze Hohn.
Wir haben sie nun zu erfassen, zehn Tage bleiben Zeit,
sie sind ein Mann und sie sind Deutscher,
sein sie für ihre Pflicht bereit.
Zwar sind sie noch nicht volljährig,
doch ein Jahr früher ist erlaubt,
sonst beginnt das große Denken,
die Zeit, in der man nichts mehr glaubt.
Heut noch sorglos, mach ich morgen,
und schon macht die Falle klick,
tut uns leid, das muss man melden,
und nun gibt es kein zurück.
Und was heißt hier schon Gewissen,
wissen sie denn, was das ist,
schau'n sie auf eine unserer Studien,
kommen sie mir nicht mit Pazifist.
All die fernen dunklen Länder,
der Bund des Bösen, wie man weiß,
all die mit seltsamen Gewändern,
ob Frau, ob Kind, ob Greis.
Spüren sie nicht diese Bedrohung,
gut, dass es unsere Bomben gibt,
wir müssen denen endlich lehren,
dass stets nur unsere Meinung siegt.
Und was heißt denn hier schon Glaube,
diese Götter gibt es nicht,
anstatt zu beten und zu lieben,
tut doch erstmal eure Pflicht.

Doch diese Pflicht bedeutet Töten,
wahrer Terror und Gewalt,
unendlich Leid über diesen Familien,
über Gräbern das Grollen dieser Waffen hallt.
Der graue Brief in meinen Kasten,
heut geht er an diese Heuchler zurück.
Nie hab ich einen Sohn geschlagen,
er gibt es jetzt weiter, dieses Glück.
Niemals wird er mit euch marschieren,
niemals eine Waffe in seiner Hand,
ich hoffe für euch, ihr werdet das kapieren,
bei uns lauft ihr damit gegen die Wand.
Wie viele Jahre müssen denn noch vergehen,
Gewalt und Hass werden nur noch stärker regieren,
lasst diese Botschaft endlich alle verstehen,
mit Waffen kann man nur verlieren.
Drum wird er für euch niemals töten,
wird für euch niemals sein Leben verlieren,
und während eure Mühlen weiter mahlen,
wird bei uns Liebe und Glück regieren.

## Wenn man die Jahre zählt in Ringen

Ein weites Feld, der Horizont und da ein Baum,
steht sicher dort schon seit ein paar Hundert Jahren,
er wirft Schatten, bei Regen kann man ihm vertrauen,
und in der Rinde Zeugen, die hier auch schon waren.

Wenn man die Jahre zählt in Ringen,
man Sonne nimmt und kühlen Schatten gibt,
man ist Symbol für langes Leben
und ist der Platz, wo man sich liebt.

Die Urgewalt der Winde hat den alten Ast gebrochen,
eine riesige Wunde klafft unübersehbar groß,
doch kommt mittendrin ein neuer grüner Trieb gekrochen,
die Wege des Lebens sind famos.

Wenn man die Jahre zählt in Ringen,
man Sonne nimmt und kühlen Schatten gibt,
man ist Symbol für langes Leben
und ist der Platz, wo man sich liebt.

Manchmal wünscht ich mir, ich wäre dieser Baum,
mit einer Rinde, die mich schützt vor jedem Leid,
man schnitzt ein Herz in mich und träumt den schönsten
Traum,
all die Sorgen sind so unendlich weit.

Wenn man die Jahre zählt in Ringen,
man Sonne nimmt und kühlen Schatten gibt,
man ist Symbol für langes Leben
und ist der Platz, wo man sich liebt.

Aus jeder Wunde, die man in mich schlägt,
wird neue Kraft, sprießt neues Leben,
werd sie vermehren, je mehr man an mir sägt,
in Form von Tausend Trieben weitergeben.

Wenn man die Jahre zählt in Ringen,
man Sonne nimmt und kühlen Schatten gibt,
man ist Symbol für langes Leben
und ist der Platz, wo man sich liebt.

## Dinge passieren

Erst war dies Gesicht, die Augen ein Blick,
nicht gesucht, nicht geplant, es erschien einfach so
und schaue ich heute auf den Tag zurück,
macht mich dieser Zufall so unendlich froh.

Da waren ein paar Zeilen belanglos gefragt,
dieser Blick, er hielt mich beim Schreiben gefangen,
ich hätte auf Anhieb wohl alles gesagt,
weiß nicht, warum doch der Verstand war gegangen.

Minuten wie Tage bis eine Antwort kam.
Hey warte, nicht gehen, ich schreibe dir gleich,
nun sprudelten tagelang Worte, legten anderes lahm,
doch jedes der Worte machte unendlich reich.

Ich spürte Gefühle, die ich verloren glaubte,
plötzlich war alles anders, Farben tanzten im Raum,
da war wer, der gerade mein Herz mir raubte,
das Blut, es floss schneller, Zeitsprünge
registrierte man kaum.

Es war wie beim Memory, nur gleiche Gedanken,
Dinge gesagt und gedacht, aufgeschrieben zur selben Zeit,
wie eine Pflanze sich Gefühle um mich rankten,
Dinge passieren wohl und ich bin dafür bereit.

Was folgte, waren Bilder und das gesprochene Wort,
Nächte wurden zu Tagen, an Schlaf nicht zu denken,
wenn nur zusammen, wünscht ich uns an jeden Ort,
Liebe und Treue, diese Freiheit würde ich dir schenken.

Nie vergesse ich den Tag, als ich dich zum ersten Mal sah,
Blicke wie Magneten, ehrlich traumhaft, sie wichen nie aus,
kleinste Berührungen, ein Kuss, der Himmel so nah,
hab lang gesucht und dich gefunden,
hier bin ich endlich zu Haus.

## Warum weinst du? (Text)

„Warum weinst du, Papa?"
Verschwommen sah ich das kleine blasse Wesen in dem viel zu großen Bett liegen. Das kalte Licht und das sterile Weiß des Raumes brannten in meinen Augen, sie schmerzten. Ich versuchte mit aller Macht, mir etwas Mut zu machen, ein klein wenig Hoffnung in das Geschehen zu tragen, während sie zusehends mehr Mühe hatte zu atmen. Sie schaute mich mit kleinen großen Augen an und noch einmal glaubte ich, dieses stets so versöhnliche Leuchten zu erkennen, dieses warme Leuchten, mit dem sie mich stets animiert hatte, die verrücktesten Dinge mit ihr zu tun. Was haben wir gelacht, gesponnen, uns minutenlang in Traumwelten phantasiert. Nie vergesse ich ihre feuchten glücklichen Augen, als wir dieses Musical besuchten und Mary Poppins an ihrem Schirm mit dem Papageienkopfknauf über uns hinweg schwebte. Der Wind hatte sich gedreht, Mary wurde hier nicht mehr gebraucht. Wie oft hätte ich sie mir herbeigewünscht, als Erklärer, Schlichter, Verbesserer. Heute könnte auch sie hier wohl nichts tun, so wenig wie der nicht einmal so ernst aussehende Arzt, welcher mir die Botschaft überbracht hatte, einfach so, einfach, als sei es das Normalste auf der Welt. Hilflos stand ich da, das Leben ist nicht gerecht, dachte ich mir, warum sie? Mir fallen diese täglichen Bilder und Berichte aus den Zeitungen ein. Längst scheinen wir uns daran gewöhnt zu haben, wir schweigen, wenn auch manchmal laut. Täglich sterben dort vor allem auch Kinder, täglich stehen dort Väter vor ihren entschwindenden Liebsten, allem, was sie besaßen. Wie groß muss er sein, dieser Schmerz, diese Kinder sind nicht krank, nein hier haben Menschen, echte Menschen, einfach Gott gespielt, entschieden, wer zu leben hat und wer nicht. Und wir? Wir liefern die Werkzeuge dafür, täglich Tonnen davon, genau dorthin. Es könnte doch alles so einfach sein, auch dort ... Warum löscht man sich einfach aus, warum lacht, tanzt und feiert man nicht einfach gemeinsam, begräbt dieses

täglich schärfer geschliffene Kriegsbeil, warum tauscht man täglich Lachen gegen Leid?
In diesem Moment glaube ich, deren verlorenen Seelen spüren zu können, ihr wahres Leid zu verstehen.
Noch einmal sehe ich uns an diesem kleinen Bach stehen und Steine werfen, uns gegenseitig in Zeitlupe dabei zu filmen, aus alten Korken, Stöcken und Blättern kleine Boote bauen, sie zu Wasser lassen und überlegen, über welchen Ozean diese schippern werden, an welcher Insel sie anlanden. Wo war er, der Moment, der alles veränderte? Was um alles in der Welt hätte man anders machen können? Hilflos stehe ich da, vielleicht wie diese Menschen dort im Krieg.
„Es ist der Regen, mein Engel. Weißt du noch, als wir auf diesem Weg durch die Pfützen sprangen, das Wasser in Strömen an uns herabfloss. Unser Film fror doch ein, wenn er stoppte, weißt du noch? Diese Tropfen sind geblieben."
„Werden wir das wieder machen, Papa, wenn ich gesund bin?"
Meine Kehle war zugeschnürt und es begann in Strömen zu regnen. Als ich das Fenster öffnete, konnte ich ihn kurz sehen, das musste der Engel sein, der sie holen sollte.
Aufgeschreckt durch ihr lautes Rufen zuckte ich zusammen …
„Paaaapaaaa, Paaaaapaaaa …"
Schnell stand ich auf und lief, ohne etwas überzuziehen, die Treppen herab und stand in ihrem Kinderzimmer. Sie saß in ihrem Bett und schaute mich mit nun wieder beruhigten Augen an.
„Ich habe etwas Schlechtes geträumt, da war eine Fledermaus."
Ich setzte mich zu ihr aufs Bett und nahm sie fest in meine Arme.
„Ich heute auch, mein Schatz. Hab keine Angst, ich bin ja da, hier gibt es keine Fledermäuse."
„Warum weinst du, Papa?"
„Es ist der Regen, mein Herz, nur der Regen."

## Mary Poppins

Hey Mary Poppins, komm und halt die Welt am Drehen,
du glaubst nicht, wie man dich hier unten braucht,
Mary, ach Mary, hilf dem Mensch die Welt verstehen,
kannst du nicht schon löschen, bevor das Feuer raucht.

Hey Mary Poppins, bist schon so lange da,
doch der Wind, er wird sich immer wieder drehen
und auch heute noch Unwissen ständig nah,
kannst auf dieser Welt doch lange noch nicht gehen.

Hey Mary Poppins, sie schmeißen ihr Glück weg,
sie fanden es und lebten es nicht weiter,
recht haben ist ihr einzig wahrer Zweck,
die Sprossen werden morsch auf dieser Leiter.

Hey Mary Poppins, mach, dass der Wind sich dreht,
sorg dafür, dass Glück nicht wird zu Leid,
mach, dass man sich nicht nur aus dem Wege geht,
manch Mensch braucht Hilfe, bitte nimm dir diese Zeit.

Hey Mary Poppins, ich rede viel zu viel,
du bist völlig ohne Fehler, das weiß doch jedes Kind,
helfen kann man nur denen, die wollen an dies Ziel
und nicht in ihrer eigenen Welt verloren sind.

## Gebrochenes Schweigen

Es kam der Tag, da brachen sie ihr Schweigen,
es brachen Schande aus, unendlich Leid,
die, welche heuchelnd sich vor Gott verneigen,
waren wohl für ihre eigene Lehre nicht bereit.

Die da sitzen unterm Kirchendach,
unter Jüngern den Glauben sollen verbreiten,
denken dort über Dinge nach,
nur eigene Freuden sich zu bereiten.

Dinge, die wir nur aus der Hölle kennen,
Gewalt und Demut in sich vereinen,
Gedanken hier die Moral verbrennen,
der Heiligenschein hört auf zu scheinen.

Hör, wie sie schreien, wie sie weinen,
doch sie schweigen und verneigen sich vor Gott,
für sie kann diese Sonne nicht mehr scheinen,
die Bibel dient hier als Schafott.

Geprägt von Enthaltsamkeit und Zölibat,
so leben sie uns das Bessere vor,
doch es trifft wohl manchen Priester hart,
schließt hinter ihnen sich das heilige Tor.

Ob als Schüler im Heim oder Sängerknabe,
sie haben versucht, an das Gute zu glauben,
ungestört konnte das mächtige heilige Heer
misshandeln, missbrauchen, der Freiheit berauben.

Und während Gesänge aus dem Kirchenschiff hallen,
genossen sie diese bedingungslose Macht,
da drinnen unschuldige Seelen fallen,
haben jene vom Glauben abgebracht.

Und wenn sie tagtäglich dann niederknieten,
in Ehrfurcht vor dem, was über uns steht,
dann stimmten sie gemeinsam zum Singen ein:
Das Kind soll unverletzet sein.

## Kinder

Es sind die Kinder, auf die wir bauen,
heut noch Kinder, müssen sie uns vertrauen.
Sie denken noch Dinge, von denen wir nichts wissen,
sie haben noch Träume, die wir längst vermissen.
Schau in diese Augen, dann kannst du es sehen,
Räder, die bewegen sich, unentwegt drehen.
Nur sie können die Welt verändern zum Guten
und wir lassen Ihre reinen Seelen nur bluten.
Das Denken ist für sie simpel gestrickt,
versuch zu verstehen, was in ihnen tickt.
Versuch, etwas dieser Welt von ihnen zu erben,
Toleranz, ein Lächeln und Zweifel die sterben.

## Fremde Welten (Text)

Da war er plötzlich, dieser Spalt, dieser Augenblick, dieser kleine Ausschnitt Faszination, den man durch diese Tür sehen konnte. Ja sehen, ich meine nur, aber immerhin sehen.
Wir traten sie nicht ein, diese Türen, wir öffneten sie vorsichtig, ganz behutsam, ohne etwas zu verletzen. Wir schauten hinein, ohne etwas zu berühren, wir schauten nur, sahen, um zu lernen, vielleicht zu begreifen und um es weitergeben zu können, solange es diese Welt dort noch so gibt. Sie wird sterben, diese Welt, da wir sie nicht begreifen. Wir glauben, alles verändern zu müssen, da ja wir es sind, die alles richtig machen und wenn überhaupt, dann gibt es nur unseren Gott und an den haben alle zu glauben. So geht sie verloren, diese Faszination der letzten Paradiese. Skrupellos zerstören wir sie mit der Arroganz unseres Denkens, mit dieser Sucht nach Macht und Geld und mit der Hilfe von Waffen, welche nicht unterscheiden, wen sie vernichten. Die Menschen in den Paradiesen sehen, sie sehen und werden diese unsere Sprache schnell lernen, sie sterben einen langsamen Tod, diese Welten.

## Fremde Welten

Immer wieder durch neue Türen,
immer wieder eine andere Welt.
Immer wieder Dinge, die uns verführen,
immer wieder man den Atem anhält.

Wir sahen den Schnee auf dem Berge,
Wilde Flüsse da unten im Tal,
in diesen Weiten waren wir Zwerge,
neue unglaubliche Welten jedes Mal.

Wir spürten den Sand der Wüsten
und die Sonne so endlos warm.
Sahen Menschen, die winkten und grüßten,
die hatten nur das Lachen, waren endlos arm.

Doch wir sahen, wie sie überlebten
mit Kraft und Wille und Glück.
Wenn sie sangen und tanzten, ihre Herzen erbebten,
davon wünscht ich uns nur ein kleines Stück.

Ihre Herzen sind zweifellos größer,
sind diese Menschen auch oft nur sehr klein.
Sie leben in den letzten Paradiesen,
doch werden sie niemals die Könige sein.

Immer wieder dann diese Türen,
immer wieder in unsere Welt zurück.
Immer wieder das Wissen, dass sie existieren,
immer wieder das Sehen, was haben wir Glück.

## Vom Entwachsen

Schon weit entwachsen vergangener Zeit,
Board und Sporttasche steh'n an der Wand,
wirft heute anderes Spielzeug breit,
Fußballlogos an jedem Schrank.

Die Haare sind länger, die Stimme wird tief,
Musik schallt härter und lauter,
mir ist, als war's gestern, als mein Vater rief,
ich sehe mich wieder, mir wird alles vertrauter.

Noch weiter entwachsen, dieselben Fehler machen,
man sieht sich ein zweites Mal stehen,
manchmal zornig und doch mit eigenem innigen Lachen,
man kann wirklich alles verstehen.

## Nachtgedanken

Gern würde ich dir alles schenken,
die Sterne vom Himmel noch warm,
wenn du mich liebst, steig ich sofort nach oben
und lege sie funkelnd in deinen Arm.

Wenn es Nacht wird, setz dich leise ans Fenster,
schau hinauf, wir treffen uns dort,
hast du den schönsten Platz für uns gefunden,
dann träume ich uns an diesen Ort.

Wir werden gemeinsam dort schweben,
gute Tage, schlechte gibt es hier nicht,
lass uns zwei zusammen dies Universum erleben.
Keiner der den andren das Herz hier mehr bricht.

Schließ ich die Augen, sehe ich dich dort schweben
ganz in weiß, du bist glücklich, wir zeigen es allen,
wie gern würde ich all das mit dir erleben,
wer aufrecht zusammensteht, der kann niemals fallen.

Wir bleiben dort oben ein Leben zusammen,
eine Schar von Kindern, unendliches Glück,
dein Herz lacht, reibst du meinen Ring an deinen Finger,
wir kehren von hier oben niemals mehr zurück.

Noch sind es nur Träume in manch einer Nacht,
Gedanken voller Hoffnung bei jeder Nachricht von dir,
doch werden auch Träume durch das Leben gemacht,
werd sie mit diesem erfüllen und dann glaubst du es mir.

## Angekommen

Gestern uns noch zu den Sternen geträumt
und heute schon dort angekommen.
Die Liebe hat sich aufgebäumt
und hat uns beide mitgenommen.

## Vom Vergessen der Liebe

Hast du jemals die Worte benutzt, sprach die Liebe,
hast du innerlich wirklich an alle gedacht,
hast du nicht alles immer nur zum Gefallen
für einige wenige andere gemacht.

War es dein Wille, den Deinen zu helfen,
hättest für sie du wirklich alles getan.
Wären bei größeren Stürmen und Hagel
deine Schotten für sie nach unten gefahren.

Und wenn die Flut kam, war dein Boot auf dem Wasser,
hast du dich dann in den Regen getraut
oder hast du gehört auf die anderen Falschen,
nur für sie und dich diesen Damm aufgebaut.

Und da stand Richtung Glück diese morsche Leiter,
auf die auch für dich sich einer höher getraut,
hast du ihn geschoben, gesichert, gehalten
und hinter ihm eine sichere Stütze gebaut.

Wie war es, wenn's schief ging, fragte die Liebe,
und alle die Gestrigen wachten dann auf
mit Schaum vor den Mund, ergötzt vor dem Unheil,
liegt einer am Boden, dann hauen sie noch drauf.

Warst du dann da, wenn stummen Schreie ertönten,
wenn fragende Blicke sich Hilfe erbaten,
wenn ein Rudel dummer hungriger Wölfe
für ihr Ego auf sämtlichen Werten rum traten.

Wie hast du's gehalten mit der Liebe,
war sie ein Geschenk, dir ein größerer Wert
oder hast du versucht, sie einzusperren,
sie auszuleben, was ist daran verkehrt.

Hast du manchmal versucht, sie zu verkaufen,
mit ihrer Macht anderen Hoffnung und Glaube geraubt
oder bist du auch heute noch dieser Meinung,
dass nur wer auch Dienst tut, dem wird es erlaubt.

Hast du jemals die Worte benutzt, sprach die Liebe,
hast du jemals gesagt, du ich liebe dich sehr,
hast versucht, all die Deinen auch zu verstehen,
denn wenn nicht, dann gibt es sie heute für dich nicht mehr.

## Wenn es Gott gibt

Ich glaube fest daran und weiß nicht, ob es ihn gibt,
zu viele Fragen sich täglich vermehren,
ich merke nur, wie täglich das Unfassbare siegt,
immer weniger noch diesen Glauben begehren.
Diesen Glauben, der Berge versetzen kann,
der hilft, sich selbst und andere zu heilen,
der immer hilft, nicht nur dann und wann,
nicht nur, wenn uns unfassbare Dinge ereilen.

Wenn es Gott gibt, kann er nicht alles sehen,
müsste sich und die Seinen betrügen,
sonst würde nicht so viel Unrecht geschehen,
würde Liebe regieren, nicht Schwert, Geld und Lügen.

Wo war er, als in diesem Land die Erde bebt,
Häuser, Hütten zerfielen wie aus Papier,
wo die Ärmsten sind, hat kaum einer überlebt,
gerettet wurden die reichen Regionen dafür.
Was hat er gesehen, als Menschen schrien in der Not,
Flüsse und Wellen hatten Hab und Gut wegspült,
da blieb keiner am Leben, kein Fischer, kein Boot,
ein paar heuchelnde Spenden hat er das gefühlt.

Sollte es ihn geben, kann er nicht alles sehen,
müsste sich und die Seinen betrügen,
sonst würde nicht so viel Unrecht geschehen,
würde Liebe regieren, nicht Heuchelei, Geld und Lügen.

Sah er diese Kinder mit dem Pastor beten,
wie sie täglich ruhiger wurden, verworren der Blick,
er wollte stets mit jedem einzeln reden,
ihre Unschuld gibt ihnen keiner mehr zurück.
Er konnte wohl grad nicht hören ihr leises Jammern,
nicht erahnen die Strafen, wenn sie mit jemanden reden,
vielleicht konnte man nicht blicken in diese Kammern,
wo Kinder um ein Stück wahre Liebe flehten.

Wenn es Gott gibt, kann er nicht alles sehen,
müsste sich und die Seinen betrügen,
sonst würden nicht so viele um ihr Leben flehen,
würde Liebe regieren, nicht falsches Beten und Lügen.

Hat er gehört von der Mutter, die voll war von Liebe,
jedes Quäntchen davon an Mann und Kinder weitergab,
ausgenutzt, betrogen, nichts, was ihr selber noch bliebe,
heut steh ich hier betend an ihrem Grab.
Die Krankheit, sie hat sie von innen zerfressen,
sie wollte sich irgendwann nicht mehr wehren,
sie gab nur und wurde doch selber vergessen,
warum konnte er die Schuldigen hier nicht bekehren.

Wenn es Gott gibt, kann er nicht alles sehen,
müsste sich und die Seinen betrügen,
sonst würden nicht die Guten zugrunde gehen,
würde Liebe regieren, nicht Hass, Krankheit und Lügen.

Wann redet er mit Richtern, die viel zu milde bestrafen,
die diese Gräuel begehen und sich die Schwächsten holen,
hat er, als all dies passierte, denn so fest geschlafen,
die haben gefoltert, vergewaltigt, Eltern die Kinder gestohlen.

Was haben denn die noch für Rechte auf Leben,
oft kommen sie wieder und dann oft noch schlimmer,
das, was sie sich nehmen, kann keiner wiedergeben,
nur noch Hass, Tränen und Wut, innere Leere für immer.

Wenn es Gott gibt, kann er nicht alles sehen,
müsste sich und die Seinen betrügen,
sonst würden die schrecklichen Dinge nicht geschehen,
würde Liebe regieren, nicht Mord, Hass und Lügen.

Warum nahm er der Frau das ungeborene Leben,
war ein Traum und ein Wunsch, hätte gehört in die Welt,
hat er es etwa dafür wieder denen gegeben,
die es verraten und quälen oder verkaufen für Geld.
Konnte er nicht sehen die Freude der beiden,
nicht fühlen die Liebe, welche sie zu geben bereit,
warum muss er genau denen dieses Schicksal bereiten
und sie verdammen in unendliches Leid.

Wenn es Gott gibt, kann er nicht alles sehen,
müsste sich und die Seinen betrügen,
sonst würde dies Schicksal wohl niemals geschehen
und Leben zu Liebe fügen.

Doch da ist auch das Gute, das Lachen, die Liebe,
da gibt es Menschen, die noch für Menschen da sind,
wir machen's ihm schwer, doch wenn er nicht bei uns bliebe,
wären wir wohl so arm wie ein hilfloses Kind.
Wie gern würde ich glauben, dass es einst besser wird,
doch die Fragen es sind täglich neue,
was ist es, was mich in meinen Glauben verwirrt,
und doch an keinem Tag ich ihn bereue.

## Der Stein

Ich möchte Dir alles geben,
die Sonne, den Strand und das Meer,
wir würden uns täglich erleben,
außer Liebe gäbe es hier nichts mehr.
Ich schenk Dir mein restliches Leben,
einen unschätzbaren Wert.
Liebe, Treue, Verständnis gemeinsam erleben,
was ist denn daran verkehrt.
Doch da sind auch diese haushohen Mauern,
unüberwindbar glaubt man nicht daran,
lass uns aufhören, darüber zu trauern,
helfe mir und pack es endlich mit an.
Lass uns in diesen Mauern beginnen,
erzähl mir von all deinem Leid,
die Tage, sie werden verrinnen,
doch wir brauchen nun mal diese Zeit.
Und ich sollte damit beginnen,
dir die Bilder zu malen an die Wand
mit geschlossenen Augen, dann hier herinnen
kann man hören die Möwen am Strand.
Auf der Haut wird man spüren die Winde,
die versuchen das Leid wegzuwehen,
verschwommener Blick, das Salz auf der Haut,
nicht von Tränen, wenn man sich vertraut.
Komm, lass uns gemeinsam beginnen,
die Steine sind groß, schwer, doch schön
oder kannst du dich nicht mehr entsinnen,
wenn man will, dann kann es doch gehen.
Man kann sie auf Berge bewegen,
auf haushohe Dünen, na klar,
es wird auch mal Rückschläge geben,
doch irgendwann ist man dann da.

Warum nur die Angst vor den Mauern,
komm, wir stellen die Leiter an
und beginnen sie wegzureißen,
man spürt ihn schon, diesen Drang,
den Drang der aufkommenden Winde,
die vom Meer zu uns rüber wehen,
nur noch ein paar kleine Steine,
dann kann man das Meer schon fast sehen.
Die Leiter, sie wird nicht zerbrechen,
sind auch ein paar Sprossen sehr dünn,
es wird sich auf keinen Fall rächen,
Vertrauen und Liebe macht Sinn.
Du wirst sehen, ich kann sie dir geben,
die Sonne, den Strand und das Meer,
wir werden uns täglich erleben
und noch Tausende Dinge mehr.
Und ich werde stets dafür sorgen,
vertrau mir und glaube, sei einfach bereit,
dass gestern und heute und morgen
du glücklich wirst, ohne all dieses Leid.
Ich möchte Dir alles geben,
die Sonne, den Strand und das Meer,
wir würden uns stets auf` ein Neues erleben,
die Liebe kein Rätsel mehr wär.

## Flügel aus Wachs

Ich stieg in die Nähe der Sonne,
fiel Richtung Hölle hinab.
Ich genoss ganz unglaubliche Zeiten,
dann stand ich ganz nahe am Grab.

Stets geliebt die Liebe, das Leben,
verachtet Unterdrückung und Leid,
hab versucht, Gutes weiterzugeben,
zu Stillstand war ich niemals bereit.

Ich liebe das Meer und die Weiten,
den Tautropfen auf einem Blatt,
zu kurz ist das Leben zum Streiten,
jeder Mensch diese Gaben doch hat.

Klar, ich hab auch die Dinge genossen,
von denen man sagt, es bringt Neid,
Wein ist in Strömen geflossen,
manch Gesagtes tut mir heut leid.

Dort droben in der Nähe der Sonne
war es täglich wohlig warm,
doch beim Absturz vorbei mit der Wonne,
man spürt Kälte, ist unsagbar arm.

Müsst ich gehen noch einmal die Wege,
würd ich es wohl wieder so tun,
ob weich oder am Boden ich läge,
dieser tägliche Drang er würden nie ruh'n.

Ich stieg in die Nähe der Sonne
und fiel Richtung Hölle hinab,
kann den oben von unten erzählen
und die unten bewahren vor diesem Grab.

Man kann täglich nach oben fallen,
doch steigt dabei tiefer hinab,
während freudetrunken Korken knallen,
stürzt man schon gnadenlos ab.

## Hab es versucht

Ich versuchte, stets alles zu geben,
lehnte ich mich manchmal auch zurück.
Ich lebte mein eigenes Leben,
manchmal fehlte nicht viel zum Glück.

Es gelang mir nicht, jeden zu lieben,
doch auch Hass war mir völlig fremd,
hier und da ist ein Abdruck geblieben,
hier und da jemand, der mich noch kennt.

Doch auch mich wird er irgendwann kriegen,
werd gegen ihn kämpfen mit all meiner Kraft,
doch auf Dauer kann man ihn nicht besiegen,
habe ich es bis heut auch geschafft.

Doch an dem Tag soll keiner mehr trauern,
lacht und trinkt heute noch einmal auf mich,
denn mein Lachen soll mich überdauern,
denkt gemeinsam daran, nicht jeder für sich.

## Acht Kerzen

Ich zünde eine Kerze an
für jedes neue Jahr,
wo Menschen können in Frieden leben
und nicht wie es schon allzu oft war.
Beten werde ich für all die Schlechten,
die täglich schüren nur Hass und Gewalt,
all die, die diese Bomben zünden,
die machen vor niemanden Halt.
Ich werd für sie beten, nicht einfach ignorieren,
denn sie wissen nicht immer, was sie da tun,
das müssen auch wir irgendwann mal kapieren,
sonst werden die Waffen nie ruh'n.

Eine Kerze will ich zünden
für die Menschen, die sich verstehen,
die täglich einander neu ergründen,
alle Wege gemeinsam gehen.
Für Menschen, die sich, einander lieben,
jedoch auch andere respektieren,
die füreinander alles geben,
dabei auch einmal etwas riskieren.
Doch beten werde ich für alle Gescheiten,
die nur sich selber sehen,
die Lügen, Ignoranz und Hass verbreiten
und für Erfolg über Leichen gehen.

Eine weitere Kerze sei der Liebe gegeben,
man kann sehen, kaum entzündet, wie hell sie scheint,
man kann es nur schwer beschreiben,
nein, man muss es erleben,
sonst wird man niemals begreifen, was ein Liebender meint.
Beten werd ich für die, welche dies Gefühl nicht kennen,
für die Liebe ein Fremdwort ist,
die glauben, die Worte niemals zu brauchen,
wo man sich selbst nur der Nächste ist.

Die, welche andere benutzen und treten,
als Mittel zum Zweck der einfache Weg,
oder täglich streiten, den Verlierer missbrauchen,
auch das ist Gewalt, die über uns steht.

Eine Kerze für das Verzeihenkönnen,
die Meinung des anderen diskutieren,
Fehler passieren, sehr oft weiß man's nicht besser,
man kann ihn doch deshalb nicht ignorieren,
Gemeinsame Wege kann man finden,
klar für zwei sind sie manchmal zu schmal,
doch trägt einer den anderen kann man sie überwinden
und es geht stets voran, eine einfache Wahl.
Beten muss man für die, die alle Fehler bestrafen,
für die Versöhnung nur Schwäche heißt,
die Rachepläne schmieden, wenn andere schlafen
und einer dem andren die Zunge raus beißt.
Vorbei dann mit Reden und danach Verstehen,
die Fronten verhärtet, Kleinkriege zuhauf,
sie werden in verschiedene Richtungen gehen
und hauen dann auf den Nächsten drauf.

Eine Kerze für die, welche stets ihre Meinung sagen,
sie wollen nicht verletzen, nur ehrlich sein.
Man kann solch eine Meinung ja stets hinterfragen
und packt dann seine eigene mit hinein.
Sie werden nicht immer verstanden werden,
die Winde werden oft etwas stärker wehen,
doch man kommt von vorn, nicht rücklings von hinten,
kann jedem dabei in die Augen sehen.
Beten werd ich für die, wo die Fahne stets im Wind,
und sollte sich der Luftzug ganz plötzlich wenden,
dann immer ein eifriges Drehen beginnt.
Vielleicht hat man so ein leichteres Leben,
doch wenn man allein in den Spiegel schaut,
wird man merken, so kann man niemals etwas geben,
weil man sich nie das Entscheidende traut.

Eine Kerze soll brennen für die wahren Freunde.
Nachts um drei ein Problem und schon sind sie da.
Da wird nicht gefragt, gejammert, erfunden.
Anpacken, helfen, man ist sich stets nah.
Du kannst ihnen erzählen, was dich so bedrückt.
Weinen, lachen, unzählige Flaschen von Wein,
es muss alles raus, sonst wird man verrückt,
und man wird immer verstanden sein.
Doch betet für die, die sich nicht berühren,
die andere nicht kümmern, sich selber nur sehen,
die mit Schadenfreude andere verführen
und sich dann an deren Sorgen vergehen.
Ein ums andere Mal belogen,
getreten von hinten, ein Feuer entfacht,
die Freunde und damit sich selbst betrogen,
und kleine Probleme zu großen gemacht.

Eine Kerze zünd ich an für die, die glauben können
und täglich versuchen, hier Gutes zu tun,
Kindern, Alten und Kranken Leben lebenswert machen,
immer für alles da sind, ohne selber zu ruh'n,
die tristes Dasein mit Farben erfüllen,
die täglich dafür viele Opfer gebracht,
die alles, was hier quer läuft, täglich lautstark enthüllen,
Verirrten stets einen Weg freigemacht.
Beten soll man für die, die Schläge austeilen.
Für die Kinder nur Unfälle oder Mittel zum Zweck,
die die Alten ignorieren, an deren Ende nur feilen,
kein Mensch für sie Wert hat, nur Abschaum und Dreck.
Mit Beten die Mörder und Diebe abhalten,
für die Menschen oder Leben nur ein paar Groschen wert,
ich wünschte, man könnte den Antrieb abschalten,
der an diesen kranken Hirnen stets zehrt.

Eine Kerze zünd ich an für die, die dran glauben,
sich wehren, Mauern bilden gegen alle dieses Leid.
Und beten und hoffen, die andren bekehren.
Für die soll sie hell lodern für alle Zeit.

## Das Buch der Liebe II

Ist denn das Buch der Liebe schon geschrieben,
hat einen Anfang doch niemals einen Schluss,
denn wo sie hingehört, ist immer sie geblieben,
weil sie es will, nicht weil sie muss.

Kapitel, die nicht immer eine Meinung haben,
doch jeder Zwiespalt ist nur Lernen, nicht Verlust,
so werden von ihr manche Zweifel fortgetragen
und wird sie täglich weiter Stählen ganz bewusst.

Kapitel voller Tage, die man lieber streichen würde,
gehören wie die Guten natürlich auch hinein,
wenn man sie ernst nimmt, überspringt sie jede Hürde,
verhilft täglich uns zum Glücklichsein.

Dann die Kapitel, da sieht man tausend Sterne,
man könnt vor Glück umarmen gleich die ganze Welt,
malt rosarote Bilder der Zukunft in die Ferne,
wünscht, dass die Zeit sofort und hier anhält.

Das Buch der Liebe, ich könnt es täglich weiterschreiben,
hab gefunden sie, bis heute blieb sie hier,
ich hoffe, sie kann für immer bei uns bleiben,
noch Tausende Kapitel von dir und mir.

Ist denn das Buch der Liebe schon geschrieben.
Hat einen Anfang, doch niemals einen Schluss,
da sie zu uns gehört, ist immer sie geblieben,
was bleibt, ist Dankbarkeit und niemals der Verdruss.

## Der Brief

Jo fand den Brief in seinem Kasten,
zerknüllt blauer Umschlag kein Absender darauf,
hielt ihn in der Hand, sein Herz schlug schneller,
verwundert und zögernd riss er ihn langsam auf.
Mit krakeliger Schrift auf alten Leinen
Worte, die brannten, als er sie sah.
Denkst du täglich auch an die anderen
oder bist du nur für dich selber da.
Hast du vergessen, was die anderen taten,
wie sie dir stets halfen auch in der Not,
wenn alles hereinbrach, die Dämme barsten,
wären sie dir gefolgt auch bis in den Tod.
Erst warst du jung, da war jemand da,
der immer Zeit sich für dich nahm,
dem fehlte oft, viel an sich selbst zu denken,
doch wenn du es brauchtest, nahm er dich in den Arm.
Und später die Zeit der großen Liebe,
der siebte Himmel, das große Glück,
in Drachenblut gebadet du warst unverwundbar,
was fehlte, war oft auch der Blick zurück.
Dann Lehre, Job und eigenes Geld,
man hat was geleistet und leistet sich was,
man kann jetzt alles tun, was einem gefällt,
die Leiter, auf der man steht, war bezahlt und aufgestellt.
Gut nun zu glauben, ich bin wer, alle sind für mich da,
wird es an einem Ort eng, dann wechsle ich ihn,
doch wenn man vergisst, wer die Wege geebnet,
kann es passieren, dass die allein weiter ziehen.
Jo fand diesen Brief, war allein und verlassen,
gestern war sie gegangen ohne ein Wort,
nur ihr Duft schwebte noch in den Räumen,
die dicke Rüstung war mit einem Schlag fort.

Sein Job aus dem Nichts einfach weggefallen,
er stand auf der Straße, keiner der ihn mehr braucht,
wie konnte das sein, war er nicht der Beste,
doch seine Schreie in einer Leere verhallen.
Jetzt wirst du die alte Lehre bekommen,
nach Sonne wird immer auch Regen folgen,
ganz plötzlich sind sie da mit Donner und Grollen,
diese unheilvollen dunklen Wolken.
Jo schaut nach oben und fällt auf die Knie,
kannst du mir nicht noch einmal vergeben,
ich wollt keinem wehtun, wusste es einfach nicht besser,
ich werde verändern mein Leben.
In der Hand ein altes Taschentuch,
keine Wolke am Himmel, alles schien wie immer,
er wachte schweißgebadet auf,
ein Geruch nach alten Leinen lag in dem Zimmer.

## Vom Großwerden

Kleine Menschen werden einmal groß,
das Leben, es ist nicht aufzuhalten,
nach jahrelangem Lernen lässt man irgendwann los,
ist Liebe und Gewissen auch gespalten.

Man schafft sich neu, lernt neue Wege gehen,
manchmal sind sie schwerer als gedacht,
ehe Entfernungen zu weit sind, der Blick zurück,
doch täglich geht man weiter ein kleines Stück.

Hab versucht, die Lektionen dir zu lernen,
hab das Gute und das Schlechte dir gezeigt,
hab provokant dich manchmal ein Stück fallen lassen,
um zu zeigen, wann sich die Waage wohin neigt.

Hab dir gelernt die Wichtigkeit der Liebe,
dass man nehmen kann, wenn man dafür auch gibt,
und dass dies auch in schlechten Zeiten so bliebe,
denn nur wer ehrlich lieben kann, wird auch selbst geliebt.

Hab versucht, zu zeigen die Schönheit unserer Erde,
die Armut der Paradiese und auch Glück,
in kleinen Schritten bleib auf dieser Fährte,
zahl mit Bescheidenheit und Ehrfurcht es zurück.

Nun ist es auch an mir weiterzulernen.
Loslassen mit Vertrauen im Gepäck,
ich hoffe, ich hab dir alles geben können,
dass ich ruhig schlafen kann, gehst du einmal weg.

Kleine Menschen werden einmal groß,
der Countdown läuft, er ist nicht aufzuhalten.
Ich lerne die Lektion, lass irgendwann auch los,
doch werde im Herzen lebenslänglich dich behalten.

## Vater (Text)

Und dann war er plötzlich von uns gegangen, alt sah er aus und abgemagert und doch immer standhaft, alles wollte er bis zum Schluss allein schaffen und nun hatte ihm die Natur einen Strich durch die Rechnung gemacht. Stets ging er vorwärts, nichts oder wenig, das ihn erschüttern konnte. Er ließ sich nicht abringen von dem seinen ureigenen Weg, immer nach vorn, keinen Schritt zurück, standhaft. Ich weiß nicht, ob auch an ihm all diese Gedanken vorbeizogen, als ich die letzten Stunden neben ihm saß. Das kleine Zimmer, in dem wir in einer dunklen Zeit auf kleinstem Raum zusammenlebten, der geschmückte Weihnachtsbaum und der Geruch nach Kerzenwachs, die Liebe zum Spiel, zur Musik oder auch, dass der Wind beim Spazierengehen stets von vorn kommen musste, dass es die langen, stets mit einer Bürste nach hinten gekämmten Haaren nicht nach vorn wehte. Wie oft mussten wir Ziel und Richtung ändern. Ob es das gibt, dieses Licht, auf welches er jetzt zugeht? Wird man abwägen, durch welches Tor er darf, wird man Dinge gegeneinander aufwiegen oder spielt all dies keine Rolle und man beginnt einfach von vorn? Ist es vielleicht nur eine Lehre, eine Ausbildung oder Prüfung dieses Leben hier auf unserer Erde, für das, was nun kommen mag? Wie oft hat sich jeder diese Frage wohl schon gestellt und wie oft ist man an der Vorstellung dessen gescheitert. Er kann es nun beantworten, aber auch er wird uns wie alle davor nichts verraten. Manchmal wenn man an einem Grab steht, erscheinen Zeichen, vielleicht Blumen, Schmetterlinge oder Vögel. Ich sah sehr oft eine Amsel am Grab meiner Mutter. Wie oft habe ich mit diesem schwarzen Vogel gesprochen und gehofft, dass er etwas weiterträgt, vielleicht ein gutes Wort für uns einlegt, vielleicht ein Zeichen gibt. Immer war er da, vielleicht ist es ja eines dieser Zeichen, welches uns zeigen soll, wir lassen euch nicht allein, lebt für uns weiter, macht es besser, besser als wir es vielleicht wissen oder schaffen konnten. Vergesst uns nicht, dann werden auch wir euch nicht vergessen.

Eines Tages werden auch wir es erfahren, befürchte ich, aber bis dahin werde ich wieder und wieder an diesen Gräbern stehen. Vielleicht kommen nun zwei Amseln geflogen. Ich werde warten, immer und immer wieder.

## Kleiner schwarzer Vogel

Kleiner schwarzer Vogel,
willst du etwas sagen,
täglich wachst du wie ich hier an diesem Grab,
kannst du mit denen, die hier sind, reden,
die nicht mehr sind, die es einmal gab.
Trägst du die Trauer in deinen Federn
oder die Hoffnung in deinem Klang,
täglich schaust du mich an,
ich kann dich nicht fragen,
kann nur still lauschen deinem Gesang.

Hey schwarzer Vogel,
kannst du mich hören,
mir fehlt so jemand, der zu mir hält,
hier glaub ich sie nahe und rede mit ihnen,
vielleicht bist du ja der Bote in ihre Welt.
Im Schatten der Bäume, wenn ich hier sitze,
wirk ich in meiner Trauer genauso wie du,
doch hier find ich Stärke, lebendige Hoffnung,
ich weiß, ich bin hier nicht alleine mit mir.

Schwarzer Vogel, lass mich dich hören.
Gib mir ein Zeichen von der anderen Welt,
gern würde ich daran glauben,
weiß es ja nicht besser,
ich werde, die einmal waren, spüren,
bis irgendwann auch mein Vorhang fällt.

Ich weiß, dann werd ich sie wieder sehen,
die mich verließen vor einiger Zeit,
doch noch will ich leben und dieses genießen,
noch bin ich für diesen Schritt nicht bereit.

Kleiner schwarzer Vogel,
täglich wachst du wie ich hier an diesem Grab,
wenn du sie siehst, überbring meine Nachricht
und sag ihnen, sie leben ständig in mir,
die nicht mehr sind, die mir so fehlen,
die es für mich einmal gab.

# Das Glück der guten Zeiten

Lass hier und da in guten Zeiten
ein kleines Stück von dir zurück
und wenn es dir schlecht geht, solltest du leiden,
geh zurück an den Ort und spüre dies Glück.
Trink dein Glas nie ganz aus,
ein kleines Stück lass auf deinem Teller.
Teile und lass Erinnerung in jedem Haus,
denn die Zeit läuft täglich schneller und schneller,
lässt Entfernungen wachsen, schließt Rückkehr oft aus,
stell täglich dir Fragen nach dem Wie und Warum,
doch musst du nicht immer die Antwort finden,
man ist dann nicht unwissend oder gar dumm,
niemals nur mit Weisheit die Augen verbinden.
Wo sind die Wolken, wo ist die Sonne,
wo ist der Anfang, wo ist der Schluss,
wo sind die Menschen, den du kannst trauen,
weil du es willst und nicht, weil du musst.
Täglich zahl auf das Konto Hoffnung ein,
um für alle den Rückflug zu buchen,
lass andere Welten doch einfach sein,
wir haben dort so nichts zu suchen.
Auf dies Konto Hoffnung zahl täglich ein,
um den Frieden auf Dauer zu buchen,
alle Familien von ihrem Leid befreien,
Kindern helfen, die uns wirklich suchen.
Oder ist es normal, dass Kinder in Armut leben
und niemand in ihrer Welt sie liebt,
ist es normal, dass andere alles haben
und dennoch niemand etwas gibt,
was bedeutet schon ein Stück vom Ganzen,
wenn man täglich schwimmt im Glück,
doch während wir rüsten, feiern und tanzen,
gehen die täglich einen Schritt zurück.

Denn schon sieht man wieder Ketten drehen,
unser Größenwahn, die kranken Gedanken,
bald Menschen jubelnd an den Straßen stehen,
längst schlagen sie wieder über die Planken.
Und plötzlich greifen wir wieder an,
mit tödlichen Waffen bringen Tränen und Leid,
doch dies ist kein Kampf mehr Mann gegen Mann,
wir sind ja im Recht und zu allem bereit.
Über einhundert Opfer an einem Tag,
zur falschen Zeit am falschen Ort.
Das waren doch Kämpfer, die wollten das so,
das Wort Mensch, das Wort Leben diskutieren wir fort.
Täglich brich aus aus diesem Zimmer,
schrei heraus, wir gehören nicht hierher,
sonst bist du nur wie ein Stück Treibholz
in diesem großen Lügenmeer.
Glaub niemals, was sie dir erzählen.
Prüfe und wende jedes einzelne Wort.
Sie versprechen den Himmel, während sie andere quälen,
nehmen denen Hoffnung und Seelen fort.
Du weißt um die Freundlichkeit dieser Menschen,
wir sahen, hörten und konnten sie spüren,
haben einen Teil von uns dort zurückgelassen,
so kann man zum Hassen uns niemals verführen.
Hole ab und zu aus guten Zeiten
zurück Erinnerung und Glück.
Beschwör die Geister, die immer bleiben,
lass die Heuchler im Lügensumpf zurück.

## Teilen

Leidenschaften, die man hat im Leben,
lassen sich gemeinsam noch schöner erleben,
darum reiß auch die anderen mit ein Stück,
dann schaffst du dir das doppelte Glück.
Beginne gleich heute mit dem Teilen,
dies Gefühl des Geschenkes wird bei dir verweilen.

# Liebe ist

Liebe ist handeln,
Liebe ist leben,
Liebe ist nehmen,
Liebe ist geben,
Liebe heißt ehren,
Liebe kann hassen,
Liebe bedeutet sich fallen zu lassen,
Liebe kann wehtun,
Liebe kann lachen,
Liebe ist, es besser zu machen,
Liebe verzeiht Worte, die unbedacht fallen,
Liebe gibt Mut, lässt jeden Angriff verhallen,
Liebe ist blindes und volles Vertrauen,
Liebe ist Treue, hilft, Burgen zu bauen,
Liebe ist handeln und Liebe ist leben.
Ach, könnte es dies ehrlich immer geben.

## Der Glücksbringer

Man sagt, er sei ein Glücksbringer,
man sagt, er habe magische Kräfte.
Er birgt die wichtigsten Dinge
des Lebens in sich,
Liebe, Treue, Vertrauen, Zusammenhalt
und Verständnis.
Ständig getragen, ob am Finger,
ob am Hals, bringe er in schweren
Stunden die Hoffnung zurück,
lässt die schönen Stunden nie vergehen.
Er brennt sie in sich ein und gibt
diese Energie, wenn man sie am
nötigsten braucht, zurück.
Hey, da ist jemand, der dich liebt.
Jemand, der immer für dich da sein wird
solang du mich trägst.
Man kann sie fühlen, die Stimme.
Man sagt, er sei ein Glücksbringer,
man sagt, er habe magische Kräfte.

## Marie

Ich sehe die Welt mit anderen Augen.
In diesem und im nächsten Augenblick.
Dies Wunder zu verstehen wir nicht taugen,
Geschichten von Schmerzen und unendlich Glück.
Ich knie heut nieder vor dem Leben
und vor denen, die die Hauptdarsteller sind.
Anerkennung und Respekt muss ich heut geben,
den tapferen Frauen und jedem Kind.
Was müssen sie kämpfen, was geben sie Liebe.
Was lassen sie Kraft dabei und Schweiß.
Sie gehen durch Dornen, als wenn sonst nichts bliebe,
wahre Helden, der letzte Beweis.

Marie, Marie, du neues Wunder.
Willkommen in einer fremden Welt.
Schaust hilflos noch ins grelle Licht,
wenn man dich in den Armen hält.

Was für eine Nachricht, mein Herz es sprang,
vor Freude hätte ich wohl alles getan,
wieder der Beginn zu einem langen Gang,
wieder der Beschützer und der Helfer fortan,
tagtäglich dieses Bangen und Hoffen zugleich,
die ersten Wochen, ein Drahtseilakt des Lebens,
mal ist man vor Freude so unsagbar reich,
doch manchmal ist das Beten vergebens.
Dies Wunder und unsägliches Leid,
Hand in Hand, nur ein Bruchteil daneben.
Dann kommt die Zeit, das Wunder ist zum Leben bereit,
Gott hat entschieden, nun heißt es Liebe geben.

Marie, Marie, Marie.
Du bist ein Wunder in dieser fremden Welt.
Hab keine Angst vor diesem grellen Licht,
hier gibt es jemanden, der zu dir hält.

Marie, Marie, kannst du mich hören,
ich glaube, es ist jetzt sicher nicht ganz leicht für dich,
fast alle Dinge hier scheinen dich zu stören,
doch du wirst ruhiger, wenn man mit dir spricht.
Marie, Marie, ich weiß nicht, was du spüren kannst,
doch werde ich schon jetzt mein Bestes geben,
eben noch geschützt, geborgen und warm,
nun plötzlich mitten in diesem grellen kalten Leben.
Ich kann nicht wissen, wünschst du dich zurück
oder findest du es jetzt schon interessant,
ich kann nur sagen, du bist unser großes Glück,
und auf das, was kommt, bist nicht nur du gespannt.

Marie, Marie, Marie, du unser neues Wunder,
ich wünschte sehr, du könntest mich verstehen,
mit deiner Ankunft wird das Leben wieder bunter,
kein Tag mehr soll ohne dein Lachen vergehen.

## Vor dem ersten Flug

Noch spürt er die Knie in seiner Brust,
das war doch erst gestern, noch nicht lange her,
dies wird einmal vorbei sein, das hat er gewusst,
und dennoch fällt es ihm schwer.
Unzählige Seiten von Büchern gelesen,
die verrücktesten Sachen gespielt,
mal Löwe oder Wolf, mal der Riese gewesen,
das Bett man für einen Dschungel hielt.
Doch es kamen auch Zeiten, da fiel es ihm schwer.
Verpflichtung und Liebe, die an ihm nagten,
plötzlich gab es Tage, die zerrissen ihn sehr,
und es fehlte viel Zeit, Kinderaugen, die fragten.
Er wollte sie niemals traurig wissen,
doch nicht immer werden glückliche Winde wehen,
sie sollen auf eigenen Wegen nichts missen,
die Welt und ehrliche Liebe verstehen.
Es gibt nicht nur Gutes auf dieser Welt,
auch damit muss man doch leben,
nicht immer die Wahrheit, doch zum Guten gemeint,
den Weihnachtsmann hat's auch nie gegeben.
Ihr werdet noch unendliche Dinge sehen,
versucht, Menschen und Welt zu begreifen,
bemüht euch, mit zahlreichen Freunden zu gehen,
lasst Liebe und Vertrauen stets reifen.
Ihr werdet dann merken, der Spruch ist nichts wert.
Wer hoch steigt, kann auch tief fallen ins Tal,
denn wer Gefühle und Liebe der anderen ehrt,
wird auch gehalten und sei's tausendmal.
Noch spürt er die Knie in seiner Brust,
der Druck wird unendlich bleiben,
muss ihnen noch viel lehren von Leben und Lust
und auch von den zahlreichen Leiden.

Noch wird er mit ihnen über Kontinente reisen
und zeigen, dass wir doch Könige sind,
bei uns wird kein Magen vor Hunger verschleißen,
Zeit, Liebe und Nahrung für jedes Kind.
So wie ein Vogel das Fliegen lernt,
so wie ein Mensch das Schwimmen,
es braucht seine Zeit, man lässt ganz langsam los,
dann kann euer Leben aufs Neue beginnen.
Noch spürt er die Knie in seiner Brust,
sie drücken auf sein Herz und ja es wird schwer.
Fliegt nun, ihr Vögel, fliegt hoch hinaus,
über die Weiten von Welt und Meer.
Tragt all euer wertvolles Wissen hinaus,
gebt es auch an andere weiter,
findet Liebe, schließt zahlreiche Freundschaften daraus,
lacht, lebt und erklimmt sie, die Lebensleiter.
Mal kommt man voran, mal gehen die Sprossen zu Bruch,
mal wird man ein kleines Stück sinken.
Doch glaubt, es lohnt wirklich jeder Versuch
und Großes wird euch dann winken.
Ihr werdet dann spüren diesen Druck auf der Brust,
unter den tollenden Knien der Kinder positiv leiden,
auch ihr werdet sie dann spüren, diese unendliche Lust,
eure eigene Lehre verbreiten.

## Kein Rezept

Sollte man schon beginnen, die Jahre zu zählen,
die einem vielleicht noch bleiben.
Soll man sich mit Dingen quälen,
die einem in Schwermut treiben.
Oder sollte man täglich einfach nur leben,
als wäre es der letzte Tag.
Sich täglich das Beste nur geben,
nur das tun, was man wirklich mag.
Dafür gibt es keine Rezepte,
man schaue nur in sich und andere hinein.
Leben und Liebe, die täglichen Feste,
so kann man auch täglich glücklich sein.

## Septembergedanken

Es ist September schon wieder mal,
die Strahlen der Sonne verlieren an Kraft,
ein Mann sitzt am Fenster, sein Blick wirkt schal.
Was habe ich all die Jahrzehnte geschafft.

Als er Kind war, da herrschte der hässliche Krieg,
wahnsinnige Männer mit Träumen von Macht.
Sie haben oft den Hunger besiegt
und dennoch stets an später gedacht.

Wie oft gerade in so einer Zeit
begreift man, wie klein wir doch eigentlich sind
und dennoch ist man zu allem bereit,
die Welt steht uns offen, jeder Zweifel verrinnt.

Er nabelte sich ab von dem, was ihn hielt,
und zog nun zu großen Taten ins Land,
denn nur wer immer nach oben schielt,
hält am Ende auch nicht nur den Spatz in der Hand.

Diesen Berg zu erklimmen war äußerst schwer,
da war der Kick, es zu schaffen, ein Jemand zu sein,
jede Störung dabei galt als Gegenwehr
und musste schnellstmöglich verklungen sein.

Klippe für Klippe wurde so zerschmettert,
Steilwand für Steilwand überwunden.
So ist er von Titel zu Titel geklettert,
hat sich für seine Erfolge geschunden.

Die Strahlen der Sonne verlieren an Kraft,
strahlt ihm jetzt direkt in die Augen.
Hab ich es doch tatsächlich zum Gipfel geschafft,
kann jetzt die ganze Welt in mich saugen.

Plötzlich sieht er sie liegen da unter sich,
klein und vollkommen liegt sie da.
Alles wirkt friedlich, jeder Fluss nur ein Strich,
man ist dem Himmel so nah.

Jetzt bin ich König, ich hab es vollbracht,
kniet nieder, ihr Untertanen,
doch plötzlich erschrickt er, es wird langsam Nacht,
der Wind lässt eine Leere erahnen.

Er sitzt am Fenster, sein Blick wirkt schal
und plötzlich da fällt ihm ein,
da waren doch auch noch Menschen einmal,
wo mögen die alle jetzt sein.

Sicher waren sie zu bequem,
den beschwerlichen Weg zu meistern
oder haben die einfach was anderes gesehen,
warum konnte ich sie nicht begeistern.

Was kann es noch geben, außer dem Drang
nach Größerem stets zu streben.
Wem gehen da denn die Menschen an,
die dafür lassen ihr Leben.

Liebe, hat man das schon gehört,
das ist doch alles Gehabe.
Wehe dem, der meine Ansicht stört,
da kenne ich keine Gnade.

Doch diese Wahrheit sagt er nicht ins Gesicht
und seine Fahne hängt stets im Winde.
Er fürchtet es noch nicht, das Jüngste Gericht,
es folgen ihm zahlreiche Blinde.

Doch hat man tausendmal gelogen,
stumme Hilferufe ignoriert.
Hat man stets sich und all die Sehenden betrogen,
kommt der Tag, an dem man diese Leere spürt.

Denn da gibt es Menschen, die die Liebe ehren,
die auch all die anderen sehen,
die niemandem einen Wunsch verwehren
und nicht nur mit dem Guten gehen.

Da gibt es Menschen, die singen zusammen,
die loben die Gleichheit und preisen den Wein.
Spott, Neid und Heucheln jagt man hier von dannen.
Jeder nimmt sich die Zeit, hier ist niemand allein.

Wenn sich die von einem abgewandt
und plötzlich stumm sind, nicht mehr schreien,
dann hat man es vielleicht erkannt,
man wird alleine sein und klein.

Der Mann sitzt am Fenster, sein Blick wirkt schal,
die Strahlen der Sonne verlieren an Kraft.
Es ist September schon wieder mal,
ein weiteres Jahr ist geschafft.

## Geburtstag

Ich weiß, es ist dir heut noch egal
und dennoch schreib ich dir diese Zeilen,
vielleicht später liest du sie einmal,
wirst in Gedanken Augenblicke verweilen.
Ich weiß noch, als ob es gestern erst war,
diese Nacht, als du klopftest an die Tür,
deine Zeit, sie war reif, das war dir wohl klar
und klar, wir taten auch alles dafür.
Eine endlose Zeit voll Hoffen und Bangen
nahm nun ein glückliches Ende,
ein großer Anfang zugleich nahm mich gefangen
und bedingungslos in seine Hände.
Was hatte ich gelitten, gehofft und gebetet,
ich hätte wohl alles versprochen,
hätt mich um Kopf und Kragen geredet,
wäre zum Nordpol auf Knien gekrochen.
Und nun warst du da, heut vor zwei Jahren,
ein Springball, ein Irrwisch, eine Quasselstrippe,
sind wir auch heut nicht mehr, was wir einmal waren,
sitzt du doch lachend in unserer Mitte.
Zwei Jahre schon, dass diese Sonne uns scheint,
uns erwärmt mit ihren goldigen Strahlen
und glaub mir, wir bleiben ewig vereint,
Gedanken an anderes bereiten mir Qualen.
Glaub mir, eines, was damals ich schwörend versprochen,
dass ich für dich da bin bis zum Ende des Lebens,
wird niemals, auch nicht unter Folter gebrochen.
Krankheit, Hass und Lügen werden hoffen vergebens.
Nun wird es Zeit, schneide an diese Torte,
genieße den liebevoll bunten Tisch,
lass uns feiern, es sei für heute genug derer Worte,
lache, singe und tanze, es geht nur um dich.

## Wieder September

Wieder September, die große Zeit des Wandels,
das Grün der Blätter weicht farbenfroher Pracht,
zurückgelegt ein langer steiniger Weg des Handelns,
Hürden überwunden, viel Platz für neue Wege gemacht.

Geht etwas zu Ende, wird ein neuer Anfang sein,
diese endlose Schleife führt stetig bergan,
man bringt tagtäglich das Gelebte ein,
nie bleibt man stehen, wo alles begann.

Den Gipfel dieses Berges zu erklimmen als Ziel.
Geht man ihn weiter, diesen steinigen Pfad,
diesen für sich zu erkennen, bedeutet sehr viel,
denn oft stürzte ab, wer zu weit über ihn trat.

Dies Gipfelkreuz im Blick stets nach vorne wandern
auch verweilen und staunen an den schönen Momenten,
nicht nur sich selbst sehn, sondern stets auch die andern,
dieser Weg muss nicht zwingend irgendwo enden.

Auch einmal den Umweg nach unten wählen,
durch Lüfte schweben mit dem Blick in das Tal,
dadurch wird man größer, kann Geschichten erzählen,
wird im Blick stets behalten, wo es begann einst einmal.

Wieder September, die große Zeit des Wandels,
das Grün der Blätter weicht farbenfroher Pracht,
gibt derer viele dieser Wege des Handelns,
streb nicht blind nach oben, wähle stets mit Bedacht.

# Text

Aber zu Hause im Kinderzimmer gewannen sie jedes Spiel. Sie waren Weltmeister, kaum zu bezwingen. Es war dieser Lärm, der ihn faszinierte, dieses Gefühl in einer riesigen Käseglocke gefangen zu sein, wenn dieser unbeschreibliche Lärm ihn umspülte und gefangen nahm. Mit einem leisen hauchenden Geräusch versuchte er, diese Kulisse nachzuahmen, und versank wieder in dieser Welt. Im wahren Leben verloren sie fast immer, sie kämpften, aber es reichte selten. Stundenlang starrte er aus dem Fenster und betete, dass der Regen nachließ, denn bei Regen nahm ihn sein Vater nicht mit zu seinen Helden, auf diesen kleinen Sportplatz am Rande der Stadt. Immer sprangen alle auf, wenn etwas passierte, und er konnte dann nichts mehr sehen. Aber er war dabei und nur das war es, was zählte. Er saugte den Lärm in sich auf, die Gesten der Menschen, wenn sie sich in den Armen lagen, diese unbeschreiblichen Glücksgefühle. Nur ein Spiel? ... Vielleicht, aber es ist das Leben. Mal gewinnt man und mal wird man verlieren. Manche stehen immer oben, manche verlassen die Abstiegsplätze nie, aber alle leben von und mit diesen Gefühlen, diese Gefühle sind immer gleich und alle lernen dazu, egal wo sie stehen. Sie lernen aus den Niederlagen, aber auch aus den Siegen, die gibt es im Kleinen und im Großen, es sind immer dieselben Gefühle. Absteigen werden die, die resignieren, andere haben den Mut, die Großen zu besiegen oder ihnen zumindest zu zeigen, hey ... wir sind auf Augenhöhe. Wir sind doch alle nur Spieler in einem großen Stadion, kämpfen täglich um jeden Ball, um ihn nach vorn zu bringen. Abends spielte er die Spiele mit kleinen Figuren nach. Es waren Indianer, Cowboys und Bauern, aber darum ging es nicht, in seinen Augen waren es seine Helden und jetzt gewannen sie und der Lärm war ohrenbetäubend.

## Wochenendhelden (Leutzscher Holz)

Da dieser kleine Junge im laubbedeckten Wald,
dieser Geruch nach Bärlauch geht niemals aus den Sinnen,
sein Herz, es schlägt heut schneller,
die Vorfreude kommt bald,
ach, würden sie doch nur heut für ihn gewinnen.
Gott, du wirst doch heute die Wolken nicht anritzen,
der bange Blick zum Himmel am Morgen noch daheim.
Vater wird dann lieber an seinem Schreibtisch sitzen,
heute muss doch Sonne über dem heiligen Rasen sein.
Der Bus ist rappelvoll, ein riesiges Gedränge,
doch an jeder Haltestelle geht noch eine Traube hinein,
man bräuchte keine Beine in der unbeschreiblichen Enge
und würde dennoch nicht umgefallen sein.
Wir werden wieder Meister, ohrenbetäubender Gesang,
doch wieder wird man um den Abstieg spielen,
doch niemand, der scheut diesen unausweichlichen Gang,
es waren oft Helden, die in den Schlachten fielen.
Da läuft der kleine Junge durch den laubbedeckten Wald,
der Geruch von Bärlauch, wie hat er ihn vermisst,
noch ein paar Meter, dann hört man sie schon bald,
die auf dem Nord-Damm ihre Fahnen längst gehisst.
Hier wo die großen Breiten mit den langen Bärten sitzen,
endlich angekommen Dammsitz Mitte im Block C,
sie diskutieren sich in Stimmung, ein lockeres Anschwitzen,
ich schätze, dass ich auch heute wieder nicht viel seh.

## Was ich gäbe

All die Jahre will ich setzen für mein Lebensparadies,
verwandle sie in blanke goldene Taler,
will demütig dafür zahlen, dass der Mut mich nie verließ,
der Herbst ist doch der allerbeste Maler.
Ich will verschenken, was ich kann, ohne etwas zu verlieren,
es ist ein fassungsloses Nehmen und auch Geben,
manchmal merke ich dabei, es wird nicht nur Glück regieren,
doch so ist nun mal, dieses unser Leben.

Man ist Geheimrat und mal Bettler,
mal Präsident und mal Genie,
versucht zu verbannen dieses Grau aus unserem Leben,
die Welt soll werden, wie man will, und man sage niemals nie,
als wenn dies einfach wär, so ganz und gar nicht schwer.

Gäbe zehn Taler für das Leben, das Doppelte für die Geburt,
denn jedem wird das Leben nicht gegeben.
Es ist ein Hoffen und ein Bangen bis zu diesem ersten Schrei,
im grellen Licht beginnt ein neues buntes Leben.
Zehn Taler allen Wächtern, die ab heut um mich herum
alltäglich wachend, dass die Farben nie verblassen,
am Tage rennend suchen, finden, aufsaugen dieses Glück,
tief in meinem Herzen soll's mich nie verlassen.

Man ist Geheimrat und mal Bettler,
mal Präsident und mal Genie,
versucht zu verbannen dieses Grau aus unserem Leben,
die Welt soll werden, wie man will, und man sage niemals nie,
als wenn dies einfach wär, so ganz und gar nicht schwer.

Gäbe zehn Taler für Gunst meiner Hände voll Geschick,
werd sie nutzen für ein kleines Quäntchen gute Welt,
in Stein gemeißelt alles Gute damit gibt es kein Zurück,
bemal den Himmel, so wie er mir grad gefällt.

Ich will leben ohne Waffen und ohne dass
man Menschen quält,
werd dafür kämpfen, die Windmühlen besiegen,
zehn Taler für die Erfüllung, dass denen die Hand abfällt,
die Profiteure, die nur Geld und ihre Waffen lieben.

Man ist Geheimrat und mal Bettler,
mal Präsident und mal Genie,
versucht zu verbannen dieses Grau aus unserem Leben,
die Welt soll werden, wie man will, und man sage niemals nie,
als wenn dies einfach wär, so ganz und gar nicht schwer.

Ich gäbe zehn Taler für den Menschen, der mich liebt,
unbeirrt und immerzu an meiner Seite wacht,
der mir auch in dunklen Zeiten warme Sonnenstrahlen gibt,
tritt er ein, wird es hell in tiefster Nacht.
Ich werde lieben bis ans Ende mit Demut intensiv,
nicht jedem Leben wird dieses Glück gegeben,
müsst ich erkaufen dies für Geld,
hinge mein Seelenleben schief,
diese Taler werden täglich mir zurückgegeben.

Man ist Geheimrat und mal Bettler,
mal Präsident und mal Genie,
versucht zu verbannen dieses Grau aus unserem Leben,
die Welt soll werden, wie man will, und man sage niemals nie,
als wenn dies einfach wär, so ganz und gar nicht schwer.

Ich gäbe alles, könnt ich fliegen und die Welt von oben sehn,
nicht nur die Sorgen, auch die Menschen wären kleiner.
Gäbe die Taler, die mir blieben, um diesen
Weg weiterzugehen,
alle Gewissen, Luft und Flüsse wären reiner.
Malte Bilder an die Wände von der meinen heilen Welt,
bunt, groß und farbig nicht zu übersehen,
bis auch dem Letzten um mich rum der Gedanke so gefällt,
dass wirklich alle voll in diesem Traum aufgehen.

Man ist Geheimrat und mal Bettler,
mal Präsident und mal Genie,
versucht zu verbannen dieses Grau aus unserem Leben,
die Welt soll werden, wie man will, und man sage niemals nie,
als wenn dies einfach wär, so ganz und gar nicht schwer.

## Enden wird es manchmal nie

Alles hat einmal begonnen,
enden wird es manchmal nie,
so viel Jahre sind nun schon verronnen,
nichts und niemand zwingt es in die Knie.

Ist sie hier und da auch nicht zu sehen,
die Sonne ist doch dennoch immer da,
manch Wind wird immer wieder wehen
und dennoch wird bleiben alles, wie es war.

Stärkere Winde werden Wolken dann vertreiben
und die Häuser, die baut man wieder auf,
nichts, was stärker wäre, man wird hierbleiben,
setzt stets und immer noch ein Stockwerk drauf.

Jahre vergehen und stärker sind die Bauten,
zieht auch noch so manche Flut vorbei,
tägliche Ernte, weil sie sie sich vertrauten,
selbst Blitz und Donner eines Tages einerlei.

Es folgen strahlende und sonnenwarme Tage,
Jahre voller Glück und Harmonie,
ein warmes Nest umgeben von den Jungen, keine Frage,
eins erträumt nur in der kühnsten Phantasie.

Sollte man den einen Stern auch niemals finden,
die Suche gemeinsam ist es täglich wert,
täglich aufs Neue aneinanderbinden,
vergesst es, wenn sich wer dagegen wehrt.

Täglich soll zusammen alles neu beginnen,
enden wird es manchmal nimmer mehr,
viele weitere Jahre werden noch verrinnen
und dort dies kleine unbesiegbare Heer.

## Auch wenn man trübe Tage sieht

Auch wenn man trübe Tage sieht,
die Sonne scheint nicht immer,
verlieren wird nur der, der flieht
aus diesem großen Zimmer.

Dies Zimmer, das man Liebe nennt,
voll Geborgenheit wärmender Strahlen,
manch einer ein Leben vergebens rennt
oder nie bereit seinen Teil zu zahlen.

Oft ist es Zufall, sie stößt uns hinein,
umgarnt uns, nimmt uns gefangen,
nun müssten wir eigentlich glücklich sein,
viel zu oft ist sie wieder gegangen.

Man schließe schnell ab dieses goldene Tor,
genieße das Wunder, ein Leben,
denn die, welche immer nur stehen davor,
würden dafür wohl alles geben.

Zu oft verkennt man dies Paradies,
vergisst, diese Pflanze zu gießen,
da einer sich auf den anderen verließ,
vergaß man zu schnell zu genießen.

Zu oft ist doch wichtig, was man nicht hat,
liegt es vor uns, ein Ding aller Tage,
zu schnell und ständig ist man zu satt
und trübt eine einfache Frage.

Und plötzlich und schnell ziehen Wetter auf,
man versucht sich nur noch zu schützen,
Stürme peitschen dicksten Hagel darauf,
nur ein festes Dach kann hier nützen.

Versuche weiter daran zu bauen,
versuche zu trotzen den eisigen Winden,
hoff auf Hilfe und Vertrauen,
manchmal wird man dies Glück nur einmal finden.

Um jeden Preis halten, was man einst versprach,
als es da stand, vielleicht ganz in weiß,
auch wenn manchmal das Herz fast brach,
alles Glück hat zu Recht seinen Preis.

Auch wenn man mal trübe Tage sieht,
nach Regen und Wind folgt auch Sonnenschein,
auch wenn man manchmal vor sich selber flieht,
kann man liebend in diesem Zimmer sein.

## Augenblick verweile

Augenblick verweile,
bleib doch noch ein bisschen hier,
könnte ich die Zeit einfrieren,
täte ich es jetzt und hier.

Da waren diese Momente, ein Bild und ein paar Zeilen,
Augen und Gedanken blieben einfach daran kleben,
ohne Zeit musste man dennoch in diesem Traum verweilen,
so war es doch die Tür in ein neues spannendes Leben.
Die ersten spärlichen Worte, ein Flüstern nur zur Musik,
durchgemachte Nächte, tiefe Ringe unter den Augen,
so langsam kam ein besonderes Lebensgefühl zurück,
die Zukunft vor den Füßen, man musste nur daran glauben.

Ach Augenblick verweile doch,
bleib doch noch ein bisschen hier,
könnte ich die Zeit einfrieren,
täte ich es jetzt und hier.

Dann gab es echte Ringe, trabende Pferde und ein Schloss,
unter Reimen des Gewesenen von jedem nur ein Wort,
Tränen und Lachen, Reis für die Zukunft,
diese Magie, sie weicht nie mehr von diesem Ort.
So begann es, dieses neue und andere Leben,
mal heller, mal dunkler, mal leise, mal laut,
den Stein der Weisen kann dir niemand geben,
man braucht ihn auch nicht, wenn man sich vertraut.

Du schöner Augenblick verweile doch,
bleib doch noch ein bisschen hier,
könnte ich die Zeit einfrieren,
täte ich es jetzt und hier.

Wenn noch Zeugnis braucht dies Glück,
schau auf dies tanzend bunte Kleid,
gibt mit Lachen uns täglich zurück,
was wir zu geben bereit.
Diese kleine lachende Schar
zieht es irgendwann hinaus in die Ferne,
sie tragen es weiter, was sie sah'n
und formen daraus tausend Sterne.

Augenblick verweile doch,
bleib doch noch ein bisschen hier,
könnte ich die Zeit einfrieren,
täte ich es jetzt und hier.

## Yagmur (Text)

Wir waren liebe Kinder, nur selten hörte man uns schreien. Besonders in diesen Tagen, wenn das Jahr zur Neige ging und Weihnachten vor der Tür stand, denn aus den Wolken konnte „Er“ doch alles sehen.
Dieser besondere Moment war mit nichts zu vergleichen. Die Minuten wurden zu Stunden, bis es so weit war. Das Mittagessen war eine Qual. Nichts gegen die Nudelsuppe mit dem übergebliebenen Gänseklein, aber der Magen verlangte heut zunächst nicht nach Essen, zu groß war die Aufregung und Vorfreude auf das, was da kommen würde. Meist wurde nach dem Mittag der alte Schwarz-Weiß-Fernseher ins Kinderzimmer gestellt und wir durften wider sonstige Regeln alles aufsaugen, was da so flimmerte. Die restliche Zeit tollten wir herum, um unsere große Aufregung abzureagieren. Nie vergesse ich, als in der dunklen Küche beim Geisterbahn-Spielen ein Vorhang samt Aufhängung von der Wand fiel, nie vergesse ich das schallende Lachen ohne Angst vor Strafe, es war dieser besondere Tag. Irgendwann war es dann so weit, es begann, nach Kerzenwachs und Lebkuchen zu duften und irgendwann erklangen leise Weihnachtslieder. Es öffnete sich die Tür und wir traten zögernd und staunend in die bis dahin verschlossene Stube. Da stand er, der glitzernde Baum mit all seinen bunten Kugeln, Schleifen und Kerzen und darunter ein großer Korb voller Geschenke. Eines nach dem anderen wurde voller Spannung ausgepackt und jeder freute sich mit dem anderen. Noch heute zählen diese heiligen Abende zu den schönsten Erinnerungen an die Kindheit. Schwer vorstellbar, wie viele Kinder dies nie erleben, nie dieses Leuchten in den Augen zu haben, höchstens das Widerspiegeln von Tränen und unendlichem Leid und da rede ich nicht von Syrien, Afghanistan oder der Ukraine, nein, wir reden über unser eigenes Land. Ich hatte die Weihnachtspost längst vorbereitet, doch die Berichte über die kleine Yagmur ließen mir keine Wahl, alles wieder zu zerreißen. Yagmur war kurz vor Weihnachten des vergangenen Jahres in der Wohnung ihrer Eltern an den Folgen schwerer Miss-

handlungen gestorben. Laut Berichten der Gerichtsmedizin war ihr Körper mit blauen Flecken und Quetschungen übersät, 83 teils mit Schminke abgedeckte Verletzungen wurden gezählt. Wie kann es sein, dass niemand etwas dagegen unternehmen konnte. Wie kann es sein, hatte man doch bereits ein halbes Jahr vorher im Krankenhaus schwere Verletzungen festgestellt, welche eindeutig auf Misshandlungen zurückzuführen waren. Mit der Begründung, der Täter könne nicht nachgewiesen werden, stellte man die Ermittlungen ein. Hätte man dies auch getan, wenn es um Steuern gegangen wäre? Das Kind war seit seiner Geburt vom Jugendamt betreut, Menschen wussten, wie sie litt, niemand hat etwas dagegen getan, kein Experte war zur Stelle, dieses Leid zu verhindern, während anderswo durch wohl genug Experten Milliardenpläne über neue Bundeswehrhubschrauber geschmiedet werden. Nie werden sich Kerzen und bunte Kugeln eines Weihnachtsbaumes am Heiligabend in ihren großen Kinderaugen spiegeln. Yagmur hatte nur 3 Jahre zu leben, sie verblutete innerlich in der Wohnung ihrer Eltern in Hamburg-Billstedt, hier in diesem unseren Lande.
Nachbarn bezeugten, es sei ein liebes Mädchen gewesen, sie haben es nie schreien gehört.

## Wahrhaft große Herzen sollten leuchten

Die wahrhaft großen Herzen müssten leuchten,
dass man sie aus der Ferne sieht,
all diese geheuchelten Versprechen wir nicht bräuchten,
es wären Heilige, vor denen man niederkniet.

Wir haben Geld für Rüstung und Gewehre,
die Menschen vergisst man dabei meist,
denk ich an manch verlorene Seele, empfind ich Leere,
dass es das Herz mir in Stücke fast zerreißt.

Stumme Schreie, manchmal glaub ich, sie zu hören,
sie beschäftigen mich in manch schlafloser Nacht,
zahlreiche Verwirrte lassen sich davon nicht stören,
hilflosen Wesen die Hölle auf Erden hier gemacht.

Es kann sich nicht wehren, weiß nicht, was passiert,
was es spüren möchte, wär ein klein wenig Liebe,
wunde Stellen werden einfach mit Schminke repariert,
Zeugnisse vom Liebesentzug dieser Seelendiebe.

Nur weinige, die sich dagegen wehren,
wenn auf der Straße sie solche Menschen sehen,
die kann doch eh keiner mehr bekehren,
schweigend lässt man es tatenlos geschehen.

Ab und zu sehe ich beschämte Blicke,
sie schauen weg, nichts hören und nichts sehen,
wir haben keine Zeit, es könnte Ärger geben,
unsere heile Welt werden die doch eh niemals verstehen.

Und schnell zurück hinein in unser Schneckenhaus,
herinnen ist es mollig warm,
Experten tüfteln wieder neue Pläne aus,
die weil zu teuer, so bleiben, wie sie war'n.

Ich könnt vor Wut, wenn ich sie in den Ämtern sehe,
die ganze Welt in Grund und Boden schreien
und wenn nicht endlich hier etwas geschehe,
ja da muss man uns von denen auch befreien.

Doch zu weit weg sind die Dinge, von denen ich spreche,
auf die Entfernung von den meisten nicht zu sehn
und eh man endlich saubere Straßen hätte,
müsste man erst durch zahllose dreckige gehen.

Schwarz-weiß nur bleiben ihre Regenbogen,
die von heiler Welt nichts wissen und nichts sehen,
um wahres Leben werden täglich sie betrogen,
täglich tausendfach wird es wieder geschehen.

Niemals werd ich Hand gegen ein Kind erheben,
eher macht die Erde ich zur Scheibe,
werd für jedes Leid etwas mehr meiner Liebe geben,
und das soll sein, so lange ich bleibe.

Die wahrhaft großen Herzen müssten leuchten,
dass man sie aus der Ferne sieht,
all dies Geheuchel der Versprechen wir nicht bräuchten,
es wären Heilige, vor denen man niederkniet.

## 21 Gramm

Dieser Moment, wenn das Licht du erblickst,
ein kleines Gewicht schwebt im Raum,
plötzliche Kälte und Angst, du erschrickst,
und dennoch du musst ihm vertrau'n.
Wie ein Schleier wird es dich umgarnen,
schließlich kriecht es in dich hinein,
es wird sich dein Leben lang tarnen
und wird doch immer bei dir sein.

Ein kleiner Moment in Stein gehauen,
unumstößlich er kam irgendwann.
Keiner weiß, wem man kann nun vertrauen
geleitet von einundzwanzig Gramm.

Momente von Lachen, vom Wachsen und Werden,
tief in dir stets dies kleine Gewicht,
es steuert dein Herz, es hilft dir, zu leben
und hält, wenn es sein muss, Gericht.
Es wird dir auch einen Schmerz zufügen,
wenn ungerecht du einmal bist,
ignoriere ihn nicht, du wirst dich belügen,
bis irgendwann du etwas nicht mehr vermisst.

Manch so kleiner Moment in Stein gehauen,
unumstößlich er kam irgendwann,
wenn man nicht gibt, kann man auch nicht vertrauen,
trotz dieser einundzwanzig Gramm.

Ein Leben hält dieses Leben lang,
täglich versucht man, es auch zu leben,
packt drauf und stapelt, was man haben kann,
vergisst so dann und wann das Geben,
man vergisst, an manchen Platz zu verweilen
und vor allem, ehe man weiterzieht von dort,
besondere Momente mit Gebenden zu teilen,
etwas zurückzugeben an diesen Ort.

Ein kleiner Moment in Stein gehauen,
unumstößlich er kam irgendwann,
oft vergisst man die, denen man kann vertrauen,
in Ketten diese einundzwanzig Gramm.

Wird kommen der Tag an dem zwei sich treffen,
manche glauben, sie seien verwandt,
manchmal nur vergessen das eigene Wesen,
manchmal hat man es richtig erkannt,
manchmal nur geblendet von deren goldenem Schein,
manchmal wird klar, was Freundschaft bedeutet,
manchmal schlagen genau da zuckende Blitze ein
und manchmal die Glocke der Liebe läutet.

Kleine Momente in Stein fortan,
bedenke, nichts besitzt man allein,
was immer man nimmt, das gebe man,
dann werden es zweiundvierzig sein.

Er wird kommen der Tag, ein Tribunal,
und vielleicht beginnt das große Kehren,
vielleicht schafft man kurz zu denken noch mal,
doch gegen das kann man sich nicht mehr wehren.
Man kann nichts behalten, was von Materie ist,
nur all dies, was man irgendwann gab,
glaube nicht, dass man irgendetwas vermisst,
doch was von uns bleibt, ist nicht nur ein Grab.

Doch dieser Moment in Stein gehauen,
unumstößlich wird er kommen irgendwann,
keiner weiß, wem wir nun vertrauen,
und was bleibt, ist die Seele einundzwanzig Gramm.

## Vor den Toren der Stadt

Dort vor den Toren unserer Stadt
einen Platz voller Ruhe und Zeit,
dort wo man die heile Welt noch hat,
eh man für die Mühle des Lebens bereit.

Er konnte nicht laufen, die Beine geschient,
bedeutet Arbeit und Zuwendung geben,
tägliche Fragen, womit er das verdient,
die helfen nicht weiter in diesem Leben.

Ein Kind behindert, oh das wird schwer,
die scheinbar Gesunden könnten sich stören,
manchmal verstand man diese Welt nicht mehr,
doch den Hilferuf konnte kaum jemand hören.

Solche Worte in unserem Land,
man wollte und konnte es nicht glauben,
hier wird nur gefördert und anerkannt,
wer kommt an die oberen Trauben.

Ein Test, wie weit er kriechen kann,
es hat leider nicht gereicht,
die Ministerin ließ wissen uns dann,
wir haben doch schon so viel erreicht.

Dort vor den Toren unserer Stadt
wir hatten nicht aufgegeben,
wo man sich Zeit nahm, die niemand hat,
ein wenig Platz für ein kleines Leben.

Voller Dankbarkeit wuchs er heran,
zwei Schritte vorwärts, manchmal einen zurück,
er wird sich erinnern, nicht nur dann und wann,
tief im Inneren wird er tragen ein Glück.

## Schwestern

Ein kleines Mädchen, das andere groß,
die Puppe mit ganz langen Haaren,
sie kämmen sie zärtlich auf ihrem Schoß,
wie ich sie heut oder als sie klein noch waren.

Fröhlichen Bildes sie lachen und necken,
ich lebe es heut und kann sehen, wie es war,
man muss mich nicht aus Gewesenem wecken,
es kehrt wieder und ist immer noch da.

Weiß noch, wie mein Herz einst sprang,
großes Mädchen war geboren,
Jahre später nur näher derselbe Gesang,
manch Freudenträne hab ich verloren.

Hey kleines Mädchen und das andere groß,
mein Herz beginnt schneller zu schlagen,
das Kleine kriecht lachend auf der Großen Schoß
dies Glück zu nehmen, sollte niemand je wagen.

Manchmal Engel, dann ein klein wenig Teufel,
so zeigen sie uns spielend das Leben,
wir werden lieben und manchmal auch fluchen,
unbezahlbarer Schatz aus Nehmen und Geben.

Wie viele Hundert Zöpfe muss ich noch flechten,
diese Knoten im Haar, oft Tränen und Leid,
mimte aus Büchern die Guten und Schlechten,
genieße die große und kleine Zeit.

Ihr zwei, kleines Mädchen und anderes groß,
den Weg zeigt uns immer das Leben,
irgendwann lässt man festhaltend einfach los,
man spürt den Moment, er wird uns vorgegeben.

Doch tief in uns wird immer das Besondere sein,
man muss es nur täglich ein klein wenig gießen,
man kann es immer spüren, ob groß oder klein,
es wird stetig da sein, wachsen und sprießen.

Ein großes Mädchen, das andere klein,
lachend werd ich es schweigend genießen,
wo immer sie sind, wird auch Sonne sein,
zwei kleine Bächlein, die bergaufwärts fließen.

## Gedanken, sie reifen

Gedanken, sie reifen,
manchmal schwer zu begreifen,
Hoffnungen blühen,
sie können auch sterben,
doch man kann sie stets beerben.
Ein Herz kann sprechen
und ebenso brechen,
doch wenn man versteht, was es sagen kann,
sind die Zweifel verflogen,
das Leben fängt an.

## Sehen

Er sieht das Grün der Bäume,
den rauschenden Fluss durch die Klamm,
Rehe, die tanzen und springen,
hört der Nachtigall Zaubergesang.

Sieht die Farben der aufgehenden Sonne,
ein Tautropfen, der langsam rinnt,
den vollen Mond mit all seiner Schönheit,
wenn Dunkelheit den Tag bezwingt.

Auch er bekam geschenkt dies Leben,
dieses Wunder unserer Welt,
kann all die Sensationen erleben,
auch er die Liebe tagtäglich erhält.

Sieht das funkelnde Leuchten der Sterne,
atmet den Duft, den der Frühling erzeugt,
spürt das Meer, den Horizont in der Ferne,
das Schilf, das sich unter den Winden beugt.

Er kann sehen, wenn sich verirrte der Falter
des Nachts in der Laterne warmem Licht,
all dies genoss er bis ins hohe Alter,
nur den Menschen, den sah er nicht.

## Träume (Text)

Es war wieder Nacht geworden und ich freute mich weintrunken auf mein Bett, immer wieder in der Hoffnung, etwas zu träumen. Nur die Träume schafften es noch, mich aus dieser Welt hier für ein paar Momente entfliehen zu lassen. Was gab es doch für wunderbare und aufregende Zeiten, was haben wir gelacht und gelebt und geliebt. Wir lagen uns in den Armen und feierten die Welt, Tränen wurden nur vor Freude vergossen. Doch immer, wenn man glaubt, man hat es geschafft, man ist angekommen, zeigt dir das Leben genau das Gegenteil. Warum kann man es so selten festhalten, das Glück, warum sitzt es immer auf gepackten Sachen? Eigentlich geht es uns doch gut, warum zerstören wir uns immer wieder selbst. Ich glaube, wir wollen zu viel. Nie sind wir zufrieden. Man merkt es nicht, wie man sich verändert, man denkt, immer der Gleiche zu sein, und doch ist man dies nie. Unmerklich schleichen sich täglich Dinge in unser Leben, manche schmecken süß und man möchte zu viel davon, aber auch manche, die zu sauer oder salzig schmecken, und man schiebt sie beiseite, obwohl auch sie dazugehören. So stört man oft das Gleichgewicht und unser Schicksal neigt sich in die eine oder andere Richtung. Und immer, wenn dies wieder passiert, werden die Tage zur Hölle. Man quält sich Minute für Minute, als zöge es ein Vakuum in den Magen. Nur im Schlaf, wenn ich träume, kann ich all dem für kurze Zeit entfliehen.

## Everybody's fine

Die Welt, sie ist irre, was ist hier bloß los,
wem es zu gut geht, drängt auf das Eis,
jeden Tag stellt einer den anderen bloß,
jeder glaubt, er ist besser, und sucht den Beweis.
Sie zieht diese Herde und reißt alle mit,
der Druck, er wird jeden Tag steigen,
und glaubst du, du lebst es, das andere Glück,
werden sie dir das Gegenteil zeigen.

Frag jemand nach dem Sinn des Lebens
und schau ihm dabei in die Augen,
auf die wahre Antwort wirst du warten vergebens,
sie werden sie dir nicht glauben.
Er lächelt dich an, schaut zweifelnd herab,
und genau das ist es, was ich mein,
everybody's fine.

Soldaten setzen noch immer ihr Leben aufs Spiel
in fernen Kulturen und Ländern,
ein paar wenige setzen ein großes Ziel,
doch sie werden Kulturen nicht ändern,
schon lange haben diese jene durchschaut,
die ihnen Glück und Reichtum versprechen,
sie wissen, dass all das auf Sand gebaut,
deren Wille und Glaube ist niemals zu brechen.

Manch einer fragt nach dem Sinn von allem
und schaut ihnen dabei in die Augen
und warum täglich noch Menschen fallen
für einen anderen Glauben.
Freiheit verlangt Opfer und das muss so sein,
everybody's fine.

Die Jahre vergehen und wieder ist Wahl,
der Himmel bleibt blau, wenn sie lügen,
kein Platz ist zu groß, bunt geschmückt jeder Saal,
jedes Wort wird zur Waffe, wenn sie sich bekriegen.
Goldene Zeiten wird es nur mit ihnen geben,
für uns eure Stimme sonst werd' ihr gefressen,
ohne uns habt ihr das unwürdige Leben,
dass sie dies beschlossen, haben sie längst vergessen.

Steht auf und fragt nach dem Sinn eines Jeden
und schaut ihnen dabei in die Augen,
wortgewandt werden sie Antworten geben,
man muss ihnen manchmal fast glauben.
In Kameras lächelnd fallen sie selber drauf rein,
everybody's fine.

## Gegangen

Fast kann ich noch ihren Atem spüren,
das Bett an meiner Seite ist noch warm,
wie Phantom-Schmerz versuche ich, sie zu berühren,
nicht lang her, als sie lag in meinem Arm.

Irgendwann ist sie fortgegangen,
verloschen das Licht dieser Welt,
ein seltsamer Schmerz nimmt mich gefangen,
keiner mehr da, der, wenn ich falle, mich hält.

Ich konnte dich hören, konnte dich sehen,
schwebte auf Wolken, wenn ich dich sah,
konnte dich leider nicht immer verstehen,
als ich heut erwachte, warst du nicht mehr da.

Ich hätte ein Leben lang Liebe gegeben,
und glaub mir, nicht immer war das leicht,
ich habe verschenkt an dich mein Leben,
doch dies Leben hat wohl nicht gereicht.

Es bleibt die längst vergangene Zeit,
diese Geister, ich kann sie noch sehen,
doch scheint sie schon so unendlich weit,
greif nach dir und lass dich doch gehen.

Kann deinen Atem nicht mehr spüren,
das Bett an meiner Seite ist kalt und leer,
kann nur noch die Einsamkeit berühren,
versinke in einem traurigen Meer.

## Ein Dollar (Text)

… Wenn der Wille will, kann man können!
Jedenfalls war es so, dass ich diesen Begriff schon tausendmal gehört habe, aber er gehörte irgendwie zum Leben dazu. Jede Nachrichtensendung, jeder Bericht aus fernen Ländern, inzwischen auch immer wieder Berichte aus unserem reichen Land, immer wieder war von dieser „Armutsgrenze“ die Rede. Gehört zum Leben dazu, wenn ich richtig überlege, ist es tatsächlich so, man sieht sie überall in den Städten. Natürlich würde man gerne helfen, aber man tut es nicht. Man tut es nicht, weil ganze Armeen von Betrügern so ihren Lebensunterhalt verdienen. Generalstabsmäßig organisiert stehen sie an jeder Ecke und betteln, was das Zeug hält. Abends wird dann abgerechnet, da kommen Summen raus, die weit entfernt davon sind, diesen Begriff Armutsgrenze überhaupt in den Mund zu nehmen. Armutsgrenze immer wieder. Die Weltbank war es wohl, die das Ganze einmal in Geldwert festlegte. Einen Dollar pro Tag, wenn man dieses Einkommen unterschreitet, gehört man dazu. Jeder sechste weltweit, unglaublich. Irgendwo habe ich mal gehört, es sollen wohl ein Dollar und vierundzwanzig Cent sein. Etwas verlegen zog ich den Kassenzettel des letzten Einkaufs zerknüllt aus meiner Jeans. Knapp einhundertzwanzig Euro für eine Woche. OK, wir sind sechs Personen, wären dann also zwanzig die Woche, knapp drei am Tag. Geht ja noch, dachte ich mir, aber was ist mit dem Rest, das war nur Essen. Man wohnt, braucht Kleidung, Waschmittel, Dinge des täglichen Bedarfs, Kino oder Musik, all das kommt obendrauf. Unglaublich, mir vorzustellen, dass ich für eine neue Stones-CD über 2 Wochen nichts essen dürfte. Wie bitte soll man dafür leben. Jeder sechste weiß es wohl. Gehört zum Leben dazu. Vielleicht sollte jeder in unserer verwöhnten Gesellschaft mal diesen Test machen, um zu begreifen, was es bedeutet, nichts zu haben, täglich zu hungern, zu sehen, auf welch hohen Niveau wir uns täglich über belanglose Dinge beklagen. Der Gedanke, welcher sich über mir breit machte, begann, mir etwas Angst zu berei-

ten, und dennoch strahlte er einen gewissen Reiz aus. Warum eigentlich nicht, warum nicht einfach mal testen, wie man mit diesem Geld leben kann. Natürlich kann ich nicht einfach meine Firma dichtmachen und sagen: „Hey Leute, ich mach mal eben den Armutstest, kann heute leider keine Aufträge annehmen." Die würden mich wahrscheinlich für komplett durchgeknallt halten und auch nie mehr anrufen. Dann würde es am Ende noch zum wahren Erlebnis. Nein, so weit muss man vielleicht gar nicht gehen. Aber für einen gewissen Zeitraum, sagen wir mal, so zwei Wochen, für das tägliche Leben nicht mehr als einen Euro auszugeben, das wäre doch einen Versuch wert. Langsam begann ich, mich vor mir und diesen Gedanken zu fürchten. Leider kannte ich mich sehr gut und wusste, der Vollidiot zieht das irgendwann durch.
Meine Familie schaute mich etwas verwirrt an. Erst hatten sie meinen Worten gar keine Bedeutung zukommen lassen. Ich wiederholte das Ganze einfach noch einmal. Meine große Tochter schaute zu mir auf, ihr Gesicht schien etwas gelähmt zu sein. „Das gilt aber nicht für uns, oder?" Mein Sohn stieß nur so eine Art Zischlaut aus und sagte gar nichts weiter. „Cool, da geht ja die Frau jetzt immer einkaufen, das Lebensniveau wird ja zumindest für uns dann steigen, Pudding ohne Ende!" Ich glaube, zu diesem Zeitpunkt hat es aber niemand wirklich ernst genommen. Ich weiß nicht, ob man das so einfach machen kann, oder sollte man langsam beginnen? Nein, Hop oder Top, langsam geht nicht, das ist wie mit dem Rauchen, heute nur noch zehn und morgen fünf klappt nie, null oder es wird nichts, spätestens am siebten Tag beginnt man, sich zu belohnen, ach die eine mehr, macht doch nichts und schon ist es passiert. Hop oder Top, ich tu's einfach. Mein Gott, bin ich krank.
„Die sind doch zu faul zum Arbeiten!", schreit die Masse. Aber was ist mit denen, die wirklich so leben. Vielleicht sollten wir es alle einmal ausprobieren, um zu sehen, wie es ist, ob man sich freiwillig in dieses Schicksal ergibt. Oder schaut in die Länder, welche zwar vor Schätzen nur so strotzen, aber dennoch nichts von diesem Reichtum sehen, weil einige wenige den Kuchen unter sich aufteilen und dann wiederum an uns verkaufen. Wir

fressen ihn dann genüsslich auf, während wir schmatzend das Leid der anderen in der Tagesschau vorbeiflimmern sehen. Dort wären sie froh über diesen einen Dollar am Tag, es wäre der Reichtum. Unser Kühlschrank ist voll und am Ende der Woche werden die verfallenen Lebensmittel entsorgt, um Platz für das Neue zu schaffen. Vielleicht sollten wir alle einmal diesen Test machen, um wieder sehen zu lernen.

# Der Fünfzigste

Hey alter Junge, heut ist es vollbracht,
der Gipfel des Berges ist erklommen,
hätten wir das vor über 30 Jahren gedacht,
dass auch wir an diesem Punkt ankommen.

Das Leben meist bunt, ein paar Tage schwarz-weiß,
Regeln und deren Werte in der Regel wenig wert,
jeder, der da oben stand, in unseren Augen ein Greis,
ein Spießer, wer mit gültigem Fahrschein fährt.

Jetzt geht es bergab, wir lassen uns treiben,
kommen immer noch an diesen Stellen vorbei,
wenn uns danach ist, werden wir wieder dableiben,
was man tun müsste, noch immer einerlei.

Leidenschaften noch von altem Schrot und Korn,
man stellte uns Fallen, manchmal traten wir hinein,
auch liegend am Boden ging der Blick doch nach vorn,
kein Gedanke verschwendet, jemand anderes zu sein.

Oft gesagt, dass wir nichts zu sagen haben,
und dennoch wir mussten es immer wieder tun,
meist von einem schallenden Lachen getragen,
nicht mit uns, wir lassen die anderen ruh'n.

Nun wo wir sind oben, bleiben wir gleich gar nicht stehen,
Wetter ist hier schärfer, manchmal zwickt es im Gebein,
wir werden unseren Weg, so wie wir wollen, weiter gehen,
bergab wird es nur leichter, wir werden schneller sein.

Noch dreimal schneller als all die Mahner und Bewussten,
die uns stets sagen, was wir wieder falsch gemacht,
die sich verkriechen schon beim kleinsten Husten,
unsere Fehler werden schulterzuckend weggelacht.

Pfeif auf das Alter, was ist schon Zeit,
sind schneller und weiser als die, die dies glauben,
waren, sind und bleiben für jeden Unsinn bereit,
lassen uns dieser Leichtigkeit niemals berauben.

Hey alter Junge, ich kann's noch nicht fassen,
dass wir nebeneinander hier oben nun steh'n,
was wir noch erleben, muss man uns überlassen,
das Tal werden wir noch lange nicht sehn.

# Wie die Welt ist

Wenn täglich wir die Welt sehn, so wie sie wirklich ist,
haben wir Ängste, auch Hoffnungen und Träume,
täglich spüren wir aufs Neue, was alles man vermisst,
sieht stündlich zu, dass man auch nichts versäume.

Da gibt es Menschen, die bedingungslos zu anderen stehen,
den Weg geh'n niemals sie allein,
die Ängste des andren werden täglich so verwehen
und Hoffnungen und Träume werden aller Wahrheit sein.

Da gibt es Menschen, die geben niemals etwas auf,
vom Anpfiff bis ins weit entfernte Ziel,
die packen selbst am Boden liegend noch
eine Schippe drauf,
was eben noch zu wenig, ganz plötzlich wieder viel.

Wer will denn schon die Welt sehn, so wie sie wirklich ist,
wir träumen doch tagtäglich viele Träume,
was man hat, lässt man oft liegen,
früher hat man es vermisst,
wie groß die Angst, dass man etwas versäume.

Und dann sieht man am Abend den roten Himmel glühen,
es umwerben uns unbeschreibliche Gefühle,
man sollte sich doch wirklich um all dies Glück bemühen,
doch in der Wärme herrscht plötzlich eine Kühle.

Wer will denn in der Welt sehn dies morsche Kartenhaus,
in der, so wie wir glauben, sicher leben,
doch die Wahrheit liegt woanders,
zieht man nur eine Karte heraus,
diese Sünde würde man uns nie vergeben.

Wenn täglich wir nur sehen, wie jeder von uns ist,
täglich hinterfragen, auch all das andere sehen,
würden vielleicht begreifen, was immer wir vermisst,
würden täglich neue, die bessren Wege gehen.

Könnten dann täglich diese Welt sehn, so wie sie wirklich ist,
ohne Ängste täglich Hoffnung nichts versäumen,
täglich spürten wir aufs Neue, niemals würde was vermisst,
die Wunder dieser Welt nicht nur erträumen.

## Geht es um Lebensjahre?

Geht es um Lebensjahre, ganz gleich, welche Zahl dahintersteht? Ist das Alter nicht egal, solange man selbst bestimmen kann, was man tut? Kommt es nicht einzig darauf an, die Zeit zu nutzen, nicht nur, um Dinge zu ändern … Nein, um Dinge zu verstehen und manchmal besser zu machen. Auslernen werden wir nie, Zeiten ändern sich und sie ändern dich. Dinge, die gestern unvorstellbar waren, werden uns dennoch einholen, manchmal überholen. Gut beraten ist man, nicht blind hinterherzurennen. Man muss nicht der Erste sein, muss nicht am höchsten hinaus, man muss nicht alles abrufen, was man kann, wenn man nur versteht und andere mitnimmt. Jahrzehnte gelebt sind eine stolze Zeit und was gäbe es Schöneres, irgendwann auf diese Zeit zurückblicken zu können und zu sagen, ich habe etwas beigetragen, hatte etwas zu sagen, was bleibt.

# Das Glück

Ich bin's, das Glück, komm, setz dich zu mir,
ich bleibe niemals lange da,
versuche nicht, mich aufzuhalten,
sonst wird alles, wie es vor mir war.

Versuche einfach, gut zuzuhören
und nimm davon dir etwas mit,
wirst mich dann einfach nicht mehr brauchen,
der Anfang war ich, du gehst den nächsten Schritt.

Ich hab nur ein Feuer angezündet,
dass es brennt, dafür sorgst du ganz allein,
ich hab mich nicht mit dir verbündet,
werde niemals an einem Ort nur sein.

Jeder, der glaubte, er hat mich gefangen,
hat mir beim Packen nur zugeschaut,
hat nicht gemerkt, dass ich längst war gegangen,
meine Lehre begraben, auf Sand gebaut.

Ich habe doch nur dieses Körnchen gesetzt,
du musst es versorgen, tagtäglich begießen,
es wächst eine Blume ganz unverletzt,
welch ein duftend neues Leben kann sprießen.

Du brauchst mich doch gar nicht, bin nur das Glück,
deine Blumen, die wachsen auch ohne mich,
versorge sie gut und schau niemals zurück,
wenn du sie liebst, dann lieben sie dich.

Ich bin's, das Glück, komm, setz dich zu mir,
ich bleibe niemals lange da,
versuche nicht, mich aufzuhalten,
sonst wird alles, wie es vor mir war.

## Werte (Text)

Ich stöberte zwischen alten Platten und kam mit jemandem ins Gespräch. „Es ist doch gut, dass man diese alten Dinge endlich wieder anbietet“, meinte er. Ich gab ihm recht und meinte, dass man sich ja von fast allem verabschieden musste, was man noch so als Werte bezeichnen kann. Stelle man sich nur einmal vor, man will ja sogar die Schreibschrift abschaffen. Ja ja, von der bildhaften wunderbaren Schrift hat man sich ja schon lange verabschiedet und wir werden bald die Letzten sein, welche diese unsere eigene Schrift überhaupt noch lesen können, die alte zumindest. Ja und unsere Lieder, man kann sie ja gar nicht mehr singen, ohne sich schämen zu müssen. Schuld sind all diese smarten Schlager- und Volksmusik-Stars und ihre Jünger, die ziehen ja alles in den Dreck und kassieren Millionen auf den Bühnen quer durch das Land. Ja ja, meint er und nun machen sie sich auch noch über die neuen Lieder her, wenn wir das früher gehört hätten, du wurdest dafür geschlachtet! Es ist nur noch schlimm. Die Iren singen stolz und voller Liebe von der Heimat, grölen lauthals zusammen ihr „Irish Rover“ und hier … ja, hier ist man solch Jünger oder man wird als Nazi bezeichnet. Liebe zu unserem Land, so etwas kann es doch nicht geben … nicht hier, wir sind ein Tätervolk. Ja manchmal kann ich ihn verstehen und mir fiel dazu eine passende Ballade ein, die zwar eigentlich negativ ist, aber vielleicht gerade in dieser Zeit, wo doch langsam keiner mehr weiß, warum wir Ostern überhaupt feiern (außer, um die Schokoladenindustrie glücklich zu machen), wie ich meinte, ganz gut gepasst hätte. Süßes, Spannung und Spiel, oh ja …, das geht.

Dann aber war da dieser Tag … Ich lief mit der Kleinen ziellos bummelnd durch die Straßen, sie zupfte mich an der Hose und fragte: „Du Papa, warum sitzt die Frau da auf der Straße?“ Ich sah einen Berg von Sperrmüll und daneben wirklich auf einem Stuhl sitzend eine alte Frau. Eine viel jüngere Frau stand ungeduldig daneben und redete auf die alte Frau ein. Sie schien sich festzuklammern, folgte aber schließlich und ein Berg der Reste eines Lebens schien unwiederbringlich zurückzubleiben. Ich drückte die Hand der Kleinen fester und dachte, wie nah doch alles zusammenliegt, das Glück und das Leid, es passt manchmal kein Blatt dazwischen. War es ihr Kind? Sind auch die zwei irgendwann ziellos und fröhlich auf dieser Straße entlang gebummelt?

## Papa, weißt du, was ich heut tat

Hab das Gefühl, die Sonne schwindet,
wird täglich kälter diese Welt,
zieh mich warm an, geh der Sonne entgegen,
während ein eisiger Schauer fällt.
Gegen Sanftmut und Liebe ein mildes Lächeln,
sing meine Lieder und mein sie noch so,
soll doch lauschen, wer will, oder lasst es halt sein,
mich und die meinen macht dies noch froh.

Papa, weißt du, was ich heut tat,
ich hüpfte auf einem Bein
und als mich wer schubste und ich mich stieß,
da fand ich das ganz schön gemein.
Papa, was ist das, was ich da sehe,
und wer singt diese Musik.
Bitte noch drücken, wenn ins Bettchen ich gehe,
und zeigst mir noch einmal den Zaubertrick.

Zwei große Augen schauen mich an,
dieser Engel, ein Schalk, ein Rebell,
muss noch mal pullern, habe noch Durst,
na los, Kleine, jetzt aber schnell.
Tanzend und hüpfend springt sie davon,
natürlich kein Wort ist mehr wahr,
glücksbedeutende kleine Lügen,
allabendlich bietet sie Neues dar.

Draußen sind die Menschen, die es besser wissen,
und nicht so um Zeit für noch etwas Liebe bitten,
sie lassen andere Wahrheiten missen,
mehr als zwei sind zu viel so erwischt es den dritten.
Der alte Mann, der nicht mehr zahlen kann,
tut uns leid, doch sie müssen versteh'n.
Da draußen stehen solvente Bietende an,
Zeit ist Geld, sie müssen jetzt gehen.

Ich weiß, fünfzig Jahre, ne lange Zeit,
doch sehen sie es einfach mal so,
sie sind erst achtzig, sein sie zu Neuem bereit,
alles Neue macht der Mai und meistens auch froh.

Papa, weißt du, was ich heut tat,
ich hüpfte auf einem Bein
und als mich wer schubste und ich mich stieß,
da fand ich das ganz schön gemein.
Papa, was ist das, was ich da sehe,
dieser Mond da ist rund und schön,
bitte noch drücken, wenn ins Bettchen ich gehe,
wollen wir morgen zu den Tieren geh'n.

Da draußen auf der Straße die alte Frau,
sie sitzt auf dem alten Stuhl vor der Tür.
Dinge, die einst ihr Leben waren,
sie türmen sich jetzt als Sperrmüll vor ihr.
Fast zärtlich streichelt sie das alte Sofa,
was sie nicht alles darauf erlebte.
Tausend Küsse, dann wild springende Kinder,
Lachen und Liebe bis die Erde erbebte.
Noch heut wird ihr Leben abgeholt,
eines zum Sperrmüll das andere ins Heim,
der Unterschied nicht groß, doch dies ist so gewollt,
denen sie Leben und Liebe schenkte, willigten einfach ein.
Man muss doch nicht Gleiches mit Gleichem vergelten,
hat man sich hier wohl gedacht
anstatt etwas zurückzuzahlen,
hat man sie einfach so fortgebracht.

Papa, weißt du, was ich heut tat,
ich hüpfte auf einem Bein
und als mich wer schubste und ich mich stieß,
da fand ich das ganz schön gemein.
Papa, was ist das, was ich da sehe,
die liebe Sonne, ich weiß,
jemand schloss den Himmel auf,
gehen wir heut bummeln und essen ein Eis.

Klar doch, mein Kleines, schau in die Welt,
lerne das Gute und Böse verstehen,
nicht alles muss schlecht sein, wenn es uns nicht gefällt,
das muss man lernen zu sehen.

Mit deinem Lachen wirst du mich wärmen
in dieser immer kälter werdenden Welt,
kannst Berge versetzen mit deiner Stärke,
bunt bemalte Tage von dir für mich täglich bestellt.
Komm, springe und lache und sing deine Lieder,
helle falsche Töne, welche immer richtig sind,
in mir steigt es hoch und alles kommt wieder,
am Ende weiß ich nicht mehr, wer ist hier das Kind.

Papa, weißt du, was ich heut tat,
ich hüpfte auf einem Bein,
und als mich wer schubste und ich mich stieß,
da fand ich das ganz schön gemein.
Papa, was ist das, was ich da sehe,
und wer ist das, der singt diese schöne Musik.
Bitte noch drücken, wenn ins Bettchen ich gehe,
und zeigst mir noch einmal den Zaubertrick.

## Heimatherz

Heimatherz wird schwer und schwerer,
was ist denn nur mit uns passiert,
mein deutscher Kopf wird immer leerer,
weil man hier deutsch nicht mehr regiert.
Ein Aufschrei der Entrüstung wird erklingen,
bin ich jetzt ein Nazi, weil ich so denke,
ich werde auch weiter Lieder singen,
mit denen ich gegen die Richtung lenke.

Komm, lass uns jetzt ein Volkslied singen,
ohne sich dafür schämen zu müssen,
gemeinsam feiern, saufen, springen,
freudetrunken deutsche Musen küssen.

Ich spreche diese Sprache, weil sie die meine ist,
wir schauen nur zu und schweigen laut,
wie viele Worte, die man kaum noch vermisst,
dies ist der einzig wahre Burn-out.
Brainstorming, Controlling und Meeting-Gehabe,
best regards from the english club,
all dies entspricht niemals unserer Gabe,
wir machen uns schuldig, unsere Kultur kaputt.

Komm, lass uns jetzt ein Volkslied singen,
ohne sich dafür schämen zu müssen,
gemeinsam feiern, saufen, springen,
freudetrunken die unseren Musen küssen.

Schaut sie euch an, diese millionenschweren Affen,
die dies unser Gut verkaufen und verraten,
auf den Bühnen des Landes dies Unheil schaffen,
wenn sie heuchelnd singend vor ihre Jünger traten.
Schaut an euch die Iren, wenn sie zusammensitzen,
und lauthals selig trunken ihrer Heimat frönen,
man sieht Wahrheit und Liebe in ihren Augen blitzen,
wenn sie zusammen ihr Irish Rover grölen.

Ach könnten auch wir unsere Lieder wieder singen,
ohne sich dafür schämen zu müssen,
gemeinsam wild feiern, saufen, springen,
freudetrunken glückselige Musen küssen.

Ich stehe nicht rechts, nur weil ich die Heimat liebe,
sie lassen es dich dennoch spüren,
sie sind unserer Sprache wie Gauner und Diebe,
grenzen aus, wen noch andere Dinge berühren.
Handgeschriebenes Wort selbst will man verbannen,
die Schönheit der Schrift wird verblassen,
simples Drücken von Tasten abverlangen,
der Rest dieser Werte wird Maschinen überlassen.

Ach könnten auch wir unsere Lieder wieder singen,
handgeschrieben in Schriften wie ein Bild,
will meinen Kindern dies alles beibringen,
sie werden sich nicht schämen und werden zum Schild.

## Für eine Freundin

Hey altes Mädchen, was für ein Tag,
oben auf dem Berge angekommen,
wo ist die Zeit hin, ist, was ich mich frag,
haben wir sie oder sie uns genommen.

Sehe in den Augen vergangene Trauer und Lachen.
Niemand ist sicher, wohin es uns führt,
würden wohl wieder alles genauso machen,
wären von denselben Dingen berührt.

Muss man denn immer den Himmel sehen,
hinaus bis zu des Horizontes Weiten,
wer will schon gefesselt am Marterpfahl steh'n,
muss sein eigenes Ich und dessen Leben bestreiten.

Können nicht leben mit der anderen Blut,
haben doch eine ureigene Seele,
tut auch ein kleines Tröpfchen ab und an gut,
es wäre genau die, welche ich wieder wähle.

Man kann doch stets alles und jeden bewegen,
ohne sich und andre dabei zu verbiegen,
wenn dies so bliebe, hätte man wohl nichts dagegen,
man werde täglich ein Stückchen weit siegen.

Wenn man mal fällt, steht man auch wieder auf,
gelernt hat man dies mit den Jahren,
geht so eine weitere Stufe hinauf,
werden nur weiser die bleiben, die wir waren.

Hey altes Mädchen, zeig mir dein Lachen,
es geht bergab, komm, wir lassen uns treiben,
das, was wir sind, ist, was wir daraus machen,
lassen die anderen sich daran reiben.

Und nun lass uns feiern, was für ein Tag,
oben auf dem Berge angekommen,
wo ist die Zeit hin, ist, was ich mich frag,
haben wir sie oder sie uns genommen.

# Zwei sich lieben

Zwei sich lieben, zusammen sind,
das größte Glück auf Erden,
Probleme werden weggeliebt,
man wird nur größer werden.

Ohne den einen geht es nicht,
ohne den andren nimmer,
ein Paar wie Sonne und das Licht
und nichts wird sein wie immer.

Es beginnt eine große Zeit,
trotzdem wo Licht auch Schatten ist
und reifen wird so manche Frucht,
durch die man Dunkelheit vergisst.

Zwei Liebende zusammen sind,
dies Glück wird ewig dauern,
Vertrauen, Treue und Ehrlichkeit
bezwingt selbst höchste Mauern.

Zwei sich lieben zusammen sind,
da sind ein Mann und eine Braut,
man selbst bei stärkstem Gegenwind
einander blind vertraut.

Zwei sich lieben zusammen sind,
zwei Ringe an der Hand
zeugen über den Tod hinaus,
was beide stets verband.

## Leben ist

Höher und höher, schneller und weiter,
das Leben, es steht nicht, dies ist nun mal so,
täglich neue Sprossen auf der Himmelsleiter,
täglich Neues erleben, macht irgendwie froh.

Täglich den Fortschritt des Seins erkennen,
täglich Sensationen, wenn man sie sehen will,
es bringt nichts, gegen all dies anzurennen,
täglich wäre es uns viel zu still.

Tag um Tag einen neuen Tag älter,
täglich ein neues graues Haar,
gestern noch, wenn er schreit, dann fällt er,
schon heute kein Sumpf mehr, wie er einst war.

Täglich beginnt ein neues Leben,
täglich ist Leben, was wir daraus machen,
täglich etwas reicher und umso mehr kann man geben,
dies lässt uns über Vergangenes lachen.

Bekomm nie genug und saug sie auf, die Tage.
Täglich lass uns feiern jeden Sonnenaufgang,
es ist nie das Alter, sondern nur die Frage.
geht etwas zu Ende, fängt wieder Neues an.

Immer höher hinauf, immer schneller etwas weiter,
Freude am Leben, nicht unter Zweifeln leiden,
sind wir einmal am Horizont oben angekommen,
wird so von uns ein kleines Lächeln bleiben.

## Bedenkt

Ach bedenkt doch, bevor ihr die Köpfe senkt,
es lohnt nicht, für den Frieden zu werben,
wenn hernach ihr den Karren auf den Abgrund lenkt,
sind es eure Kinder, die sterben.
Ich gebe sehr wohl zu bedenken,
dass aufrecht stehen wir sollten,
haben in der unseren Welt Dinge zu lenken,
nicht dort, wo sie uns niemals wollten.
Wisst schon, dass unsere Waffen töten sollen,
sie werden genau die später auf uns lenken,
nur zu, wenn es das ist, was wir wollen,
ich gebe es nur zu bedenken.

## Vernebelt

Ich kann nichts mehr sehn, die Zukunft vernebelt,
tausend Störfeuer lodern um mich herum,
der Himmel ist dunkel, mein Herz wird geknebelt,
starke Taue bringen Seelen um.

Versuche zu gehen und vorwärtszukommen,
das Wasser wird tiefer, umspült meine Brust,
man hat mir die Orientierung genommen,
noch gestern war Sonne, hab den Weg ich gewusst.

War auf dem Weg zu den Sternen, sie auf die Erde zu holen,
kann sie am trüben Himmel nicht mehr sehen,
irgendwer hat bewusst die Sonne gestohlen,
tausend Gedanken sich um mich drehen.

Immer tiefer das Wasser, beginne zu schwimmen,
versuche, alle Feuer und die Klippen zu meiden,
versuche wild schwingend zu fliegen beginnen,
mit nassem Gefieder wird man am Boden bleiben.

Hilflos schau ich mich um nach den wenigen Guten,
die mit Willen und Liebe einen Sturm könnten bringen,
die bei guten Dingen nicht stets Schlechtes vermuten,
die vermögen, Gefieder zu trocknen, Nebel niederzuringen.

Ich schwimme weiter, so lange noch Luft in mir ist,
warte darauf, wieder das Licht der Sterne zu sehen,
war ihnen so nah, hab sie doch schon so lange vermisst,
noch werd ich gebraucht, drum muss ich weitergehen.

## Ich liebe dich nicht

Liebe kann doch so einfach sein,
doch auch unverhofft geht sie so, wie sie kam,
sie kann uns von allen Sorgen befrei'n
und bringt Sorgen, die vorher nicht war'n.

Mit einfachen Gesten zeigt man sie,
kleine Geschichten nur so zum Gefallen,
man tut Dinge, an die glaubte man nie,
das neue Besondere steht über allem.

Heut musst ich merken, ich lieb dich nicht mehr,
mein Tag beginnt täglich im Morgengrauen,
ich tue dies für euch, darum lieb ich es sehr,
wird es abends spät, verspiel ich Vertrauen.

Ich lieb dich nicht mehr, denn betrüge dich täglich,
mit einer Menge auch für dich verbrauchter Zeit,
ich sehe es ein, es ist schäbig und kläglich,
auch dieser Vertrauensbruch tut mir nicht leid.

Ich liebe dich nicht, drum war ich stets wach,
als unser Kind in mancher Nacht schrie,
ging früh am Morgen meiner Arbeit nach,
carpe diem, ich bereute es nie.

Deutlich merkte ich, ich liebe dich nicht,
als so manch liebe Zeile ich dir schrieb,
noch heute mir das Herz fast bricht,
wenn ein liebes Wort ungesagt blieb.

Warum sollt ich dich lieben, hab lange gesucht
und endlich gefunden, was ich begehr,
hab uns eine goldene Zukunft gebucht,
all das Schlechte davor sollte zählen nicht mehr.

Ich liebe dich nicht, habe ich mir gedacht,
wir in der Kutsche, du ganz in weiß,
hat für mich den Tag meines Lebens gebracht,
Sorgen und Ängste auf dem Abstellgleis.

Kann doch nicht lieben, wenn ich dich beschenke
oder zärtliche Zeilen dir schreibe,
ist doch klar, dass ich dabei nur an andere denke,
während ich mit meinen Gedanken bei dir verweile.

Wie sollt ich lieben, wenn ich mit den Kindern spiele,
mich erfreue an unserem wertvollsten Schatz,
mit Sicherheit hat dies nur andere Ziele,
arbeite schon an neu verfügbarem Schmerz.

Ich liebe dich nicht, denn ich traue mich oft,
auch Dinge zu tun, die mir gefallen,
sie zu vergessen, hab ich vergeblich gehofft,
Musik, tausend Menschen, ich betrüg dich mit allen.

Ich gebe es heut zu, ich liebe die Musen,
die Bilder und die Klänge unserer Welt,
zum Überleben muss mit ihnen schmusen,
ich weiß, dies ist Fremdgehen, was keinem gefällt.

Wie soll ich dich lieben, hab tausendfach dich betrogen,
mit Dingen, die ich auch für dich ausgedacht,
hab täglich ein Leben ein Stück gerader gebogen,
hab es ertragen, wurde ich dafür ausgelacht.

Nein, es ist wahr, ich lieb dich nicht mehr,
auch würd ich gern dir tausend Rosen schenken,
jederzeit gäbe für dich mein Leben ich her,
würde immer wieder in dieselbe Richtung lenken.

Ich sehe ihn vor mir, diesen alten Stein,
an dem ich mich dir für ein Leben versprach,
das würde, wäre es heute, genauso noch sein,
wie sollt ich dich lieben, wenn ich mein Wort niemals brach.

Man sollte immer auf unwissend andere hören,
man sollte festhalten an passierten Dingen,
lasst uns niemals von Treue und Liebe stören,
es ist leichter, zum Negativen sich zu zwingen.

Oft unverhofft geht sie, man kann nie darauf bauen,
ach die Liebe könnte doch so einfach sein,
ich lieb dich nicht, du kannst mir vertrauen
oder lass dich einfach auf das Gegenteil ein.

## Zeit des Erwachens

In so mancher stillen Stunde mache ich die Augen zu,
Augenblicke beginnen neu zu leben,
da liegt der Typ in diesem Zimmer, das Telefon
und da bist du,
dich neben mir zu haben, was hätt ich für gegeben.

Die Sonne, die ging unter, dann ging sie wieder auf,
die Nächte waren wunderbare Tage,
die Augen fielen manchmal zu, doch keiner legte auf,
es gab nur Antworten, doch niemals eine Frage.

Die Zeit des Erwachens, der Aufbruch in das Leben,
im Blindflug hin zum Horizont endlich wahre Liebe geben,
mit dir an meiner Seite unverwundbar stark wie nie,
und dies wird auch so bleiben, bis ich in den Himmel zieh.

In so mancher stillen Stunde mache ich die Augen zu,
die Käseplatten, Brot, des Kaffees einfacher Duft,
zwei Blicke, die sich treffen und gegenüber, da sitzt du,
es liegt etwas Besonderes unbeschreiblich in der Luft.

Worte, als wenn es kein Morgen gäbe,
zarte Berührung, ein winziger Kuss,
das Herz, es schlug anders, zeigt, dass ich lebe,
gefühlte Gefühle im Überfluss.

Die Zeit des Erwachens, der Aufbruch in das Leben,
im Blindflug hin zum Horizont endlich wahre Liebe geben,
mit dir an meiner Seite unverwundbar stark wie nie,
und dies wird auch so bleiben, bis ich in den Himmel zieh.

In so mancher stillen Stunde schließe ich die Augen,
Jemand hat gefügt, was zusammengehört,
wie manches entsteht, wir zu verstehen nicht taugen,
hat uns doch in den siebten Himmel geführt.

Die weiße Kutsche, das schallende Traben der Pferde,
neben mir die wunderschönste Braut,
wo ich jetzt bin, der wunderbarste Platz auf der Erde,
unsere Burg uneinnehmbar sicher gebaut.

Die Zeit des Erwachens, der Aufbruch in das Leben,
im Blindflug hin zum Horizont endlich wahre Liebe geben,
mit dir an meiner Seite unverwundbar stark wie nie,
und dies wird auch so bleiben, bis ich in den Himmel zieh.

In so mancher stillen Stunde muss ich
meine Augen schließen,
babbelnd und kichernd hört man unser größtes Glück.
Ich schrieb dir Gedichte, steckte den Ring an deinen Finger,
nehme davon niemals etwas zurück.

Ich werde dich lieben, mein ganzes Leben,
Wolken werd ich mit dieser Liebe vom Himmel schießen,
dann wird es einen kurzen Regen mal geben,
doch dann werden wir sonnige Tage genießen.

Die Zeit des Erwachens, sind mitten im Leben,
mit offenen Augen am Horizont täglich wahre Liebe geben,
mit dir an meiner Seite unverwundbar stark wie nie,
und dies wird auch so bleiben, bis ich in den Himmel zieh.

## Einer dieser Tage

Ist einer dieser Tage, die man niemals vergisst,
Glückseligkeit und Leben gehen Hand in Hand,
es regnete auf sie nieder, was lange man vermisst,
eine dunkle Wolke wie von Geisterhand verschwand.

Könnten die Welt umarmen, aus gläsernen
Augen man schaut,
wildfremde Menschen winkend auf Straßen und Wegen,
im verschwimmenden Weiß die wunderschönste Braut,
diese Momente als Ewigkeit, man hätte nichts dagegen.

Noch heute klingt der Dudelsack in des Schlosses Mauern,
behutsam leg das Ohr an des grauen Felsens Stein,
ganz leise muss man innehalten, denn es kann etwas dauern,
dann kommen die Bilder wieder, werden immer in ihnen sein.

Man wird es wieder spüren, dies unbeschreibliche Gefühl,
große Flammen, aus Schutt und Asche geboren,
kann dies Feuer nicht löschen, ist es auch manchmal kühl,
wer dies versucht, hat vorher schon verloren.

Ist es auch nur ein alter Stein, der bezeugt,
was sie sich einst in der ewigen Stadt versprachen,
ewig gilt dieser Pakt, ohne dass man sich beugt,
ewig vergangen die Zeit, an denen ihre Herzen brachen.

## Kennst du das Gefühl

Kennst du das Gefühl, dich im Spiegel von hinten zu sehn,
täglich eine keifende Meute dich hetzt,
läufst du gerade deinen Weg, dann wirst du es spüren,
wie man hinter dem Rücken die Messer schon wetzt.

Täglich gejagt, je mehr Gutes man tut,
nicht immer dabei, schon die Rechnung gemacht,
nur schlecht noch zu sein, dazu fehlt dir der Mut,
darum hattest du auch stets an die andren gedacht.

Schreibe Lieder, um all das Schlechte zu bezeugen,
nur wer sie singt, dies wirklich auch versteht,
wie man sagt, die Schlechten haben keine Lieder,
Poesie in diesen Leben schon lange nicht mehr lebt.

Ich bin ein schlechter Mensch, weil ich den Zwiespalt spalte,
das Denken in schwarz und weiß wird endlich ruh'n,
weil ich die Hand zulasse, wenn ich mal jemand halte,
man muss nicht immer Gleiches für Getanes tun.

Ich bin ein schlechter Mensch, weil ich die Zeit vergeude,
mit den Kindern und Musik, mit Wein, Tanz und Gesang,
ich bin schlecht, weil ich lehre, nie zu heulen mit der Meute,
und geht man links, führt oft rechtsherum mein Gang.

Schreibe Lieder, um all das Schlechte zu bezeugen,
nur wer sie singt, dies wirklich auch versteht,
wie man sagt, die Schlechten haben keine Lieder,
Poesie in diesen Leben schon lange nicht mehr lebt.

Wie oft vermisst du diese grüne Insel in dieser unserer Welt,
dieses kleine Fleckchen Erde, wo man noch zusammensteht,
brauchst nicht zu warten, bis irgendein Engel zur Erde fällt,
schrei es laut raus, schreib es nieder,
und glaube mir, dass es geht.

Aufstehen und wehren täglich, denk an dies Kartenhaus,
wir alle sitzen darinnen, zu feige uns zu bewegen,
was zieht man einst die falsche Karte heraus,
suche diese Insel, bin mir sicher, es muss sie noch geben.

Schreibe Lieder, um all das Schlechte zu bezeugen,
nur wer sie singt, dies wirklich auch versteht,
wie man sagt, die Schlechten haben keine Lieder.
Poesie in diesen Leben schon lange nicht mehr lebt.

# Der König ist tot (Text)

Er war gestorben, der König, einfach so gegangen. Es ist noch nicht lang her und doch vermissen wir ihn schon unendlich. Klar, er hatte schon lange gekränkelt, wurde kränker und kränker. Was hatten wir getan? Hatten wir wirklich alles getan?
Wir konnten es nicht aufhalten, dieses langsame Sterben, wir versuchten es, aber der Graben zwischen ihm und uns wurde immer größer, immer größer und tiefer, bis er unerreichbar für uns war, der König. Er lief vor uns weg wie ein Schatten, niemals konnten wir ihn einholen, außer manchmal, wenn die Sonne drehte, dann überholten wir ihn, oder er uns? Aber sie drehte nicht mehr, schien uns nur noch von hinten in den Rücken und die Schatten wurden länger und länger. Manchmal versuchten wir, über sie zu springen, doch wir scheiterten, da wir es wohl nicht wirklich wollten, es nicht konnten. Nun war er gestorben, einfach so, einfach gegangen.
Wer sind denn schon diese alten Könige, die, welche wir so verehren, die wir für so unverzichtbar halten? Jeder ist ersetzbar, jeder ..., jeder?
Die Liebe ist einer dieser alten Könige, vielleicht der älteste. Was verehren wir ihn, wie gut ist er zu seinen Untertanen und was tun diese für ihn? Man sehnt ihn herbei, oft muss man über viele Jahre nach ihm suchen, irgendwann aber läuft sie jedem über die Weg, man muss nur genau darauf achten, muss die Zeichen erkennen und verstehen und hat man ihn gefunden, beginnt man nach der ersten Sensation, ihn unmerklich wieder zu vernachlässigen, er ist ja da, hat uns gefunden. Oft bemerken wir dies nicht. Er bemüht sich zu bleiben, aber irgendwann wird er krank und kränker und beginnt sein Bündel zu schnüren. Dabei ist es oft nur ein Schatten, über den man springen müsste, ein einfacher Schritt. Aber wir versuchen, den Schatten einfach wegzuschaufeln und graben tiefer und tiefer, breiter und breiter, entfernen uns immer mehr. Wir merken, es ist falsch, aber wessen Fehler ist es. Keiner will es sein, dabei wäre es so

leicht. Jeder glaubt, das Richtige zu tun, und fährt eine weitere Schubkarre dieser kostbaren Erde weg.

Bald kann man sich kaum noch sehen, versucht, sich ab und zu etwas zu zurufen, aber der andere kann es nicht mehr hören, kann es nicht mehr verstehen. Warum nur behandeln wir so oft die wertvollen kostbarsten Dinge so unwürdig, warum tun wir oft denen am meisten weh, die wir lieben, warum? Ich weiß es nicht, sonst hätte ich ihn vielleicht schon so oft heilen können. Aber er war gestorben, der König, einfach so gegangen.

Da ist dieser Tag, an dem man sich das erste Mal begegnet. Diese Aufregung, man glaubt, das Herz müsse jeden Augenblick zerspringen. Ich sehe die Jugend, ist es anders als bei uns? Die machen doch heute alles per Smartphone klar oder in einem dieser suspekten Foren, diesen Gesichtsbüchern. Aber dieser Zauber des ersten Kusses, nachdem du mit ihr stundenlang um den Block gelaufen bist, immer und immer wieder und auf die richtige Gelegenheit wartetest oder eine gefühlte Ewigkeit auf einer Bank saßt, bis du dein junges Leben zum dritten Mal erzählt hattest, eigentlich war ja noch gar nicht so viel passiert, jedenfalls keines dieser Dinge, die sie wissen wollte. Im Kino, wenn endlich das Licht ausging, wen bitte interessierte der Film, höchstens sie, wenn du Pech hattest. In der Disco, wenn endlich die langsamen Runden begannen, jetzt oder nie, der Abend konnte gerettet sein, Gott lass es die Maxiversion sein. Hätte ja immer auch eine Abfuhr geben können, wie peinlich war das denn, auch wenn es nie so war, es hätte immerhin. Kann heute so kaum noch passieren, aber dieser Zauber ist doch verschwunden, dieser Kitzel. Manche dieser Küsse glaube ich, noch heute auf den Lippen spüren zu können. Sie werden nie vergehen, diese Momente, niemals.

Ich vermisse ihn, den alten König, aber er war schon sehr lange krank. Täglich kommt und geht er irgendwo, täglich könnten wir ihn hochleben lassen, täglich ihn, wie er es verdient hätte, in einer wertvollen Sänfte seiner Wege tragen, um ihn anschließend zu betten und zu pflegen, ohne jedoch zu versuchen ihn einzusperren.

Vielleicht haben sie viele Leben und kehren zurück, manchmal soll es so sein, manchmal machen wir dieselben Fehler. Ich muss oft an den alten König denken. Zu Anfang dachte ich, dass man so einen König nur selten zu Gesicht bekommt, aber das stimmt so nicht. Ich dachte, er kommt nur ab und zu die größte und prächtigste Straße entlanggefahren und wir müssten dann dastehen und ihm zujubeln und unsere bunten Fähnchen schwenken. Er will es gar nicht und er ist jeden Tag und immer unter uns. Wir müssen nur lernen, ihn zu sehen, wir müssen lernen zu sehen. Er kann an jeder Ecke stehen, ist anwesend bei jedem guten Moment, wir müssen nur sehen, nur sehen.

## Stimmen lauschen

Den Stimmen lauschen, innehalten,
die alten Zeichen lautlos übersehen,
das eigene Ich ganz neu gestalten,
verborgene Wege morgen anders gehen.

Hinter sich die Türen schließen,
die alten Bilder im Gepäck,
das neue wilde Tal genießen,
ausbrechen aus seinem Versteck.

Treiben auf neuen wilden Flüssen,
von der Gischt des Wassers überspült,
nur mit Wollen nie mit Müssen,
traumhaft, wenn man dies dann fühlt.

An manchen Plätzen Anker senken,
ohne angekommen zu sein,
an den Horizont des Morgens denken,
dennoch von gestern sich niemals befrei'n.

## Meine alte Straße

Da war die alte Pflasterstraße, ein wundersames Blau,
schien kaum tausend Meter und doch unendlich lang,
im dunklen Licht der Gaslaternen war sie nur noch grau,
aus der kleinen Kneipe an der Ecke welch
wundersam Gesang.

Da war der kleine Junge, den Krug gefüllt mit kühlem Bier,
ganz vorsichtig behutsam tänzelt er nach Haus,
an so manchem Freitagabend steht er wieder hier,
der Vater zu Hause trinkt ihn in einem Zuge aus.

Da sind die Alten die Gestrandeten,
die Knechte dieser Nacht,
steh'n im Dunste der Zigarren, das Licht
geheimnisvoll gedimmt,
hinter dem Tresen an den Tischen hier sind sie eine Macht,
doch die Welt endet an der Pforte,
nur hier der Lebensfaden klimmt.

Da ist der alte Gustav, fast vierzig Jahre bei der Bahn,
die Zeit macht auch vor altgedienten
Schranken wohl nicht halt,
so kam es, dass der letzte Zug dann ohne ihn gefahr'n,
für etwas Neues, wie man sagte,
sei er wohl leider schon zu alt.

Der alte breite Übergang hat viele Züge schon gesehen,
Zahnräder dick mit Fett beschmiert und
eine Kurbel dies bewegt,
heut kommt kein Anruf, nur ein Signal,
die alte Kurbel musste gehen,
Gustav starrt mit schalem Blick, der alte Ast war abgesägt.

Da ist die Alte in der Ecke, wird Muttel hier genannt,
gespickt von Narben sitzt sie da und sagt kein Wort,
vor ein paar Jahren war sie jedem Freier hier bekannt,
wo sie war, da war ein Leuchten der wunderbarste Ort.

Doch der verhängnisvolle Abend sie war'n
betrunken und zu dritt,
erst pöbeln und dann prügeln, am Ende trat man auf sie ein,
Beifall und Gelächter als einer ihr Gesicht zerschnitt,
keiner aller Schuldigen wollt bei ihr je gewesen sein.

Kommst du zu mir, wenn ich dieses schöne Haus dir bau,
diese Frage ganz unbedacht, doch voll von Liebe gesagt,
sie kam, er baute und nun gehört es dieser Frau,
zu Füße liegend hatte er den heiligen Bund mit ihr gewagt.

Die Jahre verbrannt, zwei tolle Kinder, die er nie mehr sieht,
ein Richter sah nur den Alkohol, was ihm blieb,
waren die Schulden.
Keiner wollte wissen, dass sie es mit einem anderen trieb,
gedemütigt die Ehre genommen, er musste es blind erdulden.

Da war die alte Pflasterstraße, ein wundersames Blau,
schien kaum tausend Meter und doch unendlich lang,
im dunklen Licht der Gaslaternen war sie nur noch grau,
aus der kleinen Kneipe an der Ecke wundersam Gesang.

## Liebe ist

Liebe ist, was manche niemals finden,
Liebe ist ein nie endendes Gefühl,
Liebe hilft so vieles überwinden,
Liebe gibt Wärme, ist es einmal kühl.

Liebe lebt und gibt die Luft zum Atmen,
Liebe raubt sie dir, wenn ihr danach ist,
Liebe rächt sich, wenn wir sie verleugnen,
Liebe macht, dass man sie nie vergisst.

Liebe trägt und lässt dich manchmal fliegen,
Liebe zeigt dir die Wunder dieser Welt,
Liebe lässt Gitterstäbe sich verbiegen,
Liebe verspricht nicht nur, sie hält.

Liebe, sie will gefunden werden,
Liebe macht es manchmal nicht so leicht,
Liebe lässt manchmal tausend Tote sterben,
Liebe hat auch Unsterblichkeit erreicht.

Liebe, man muss sie finden wollen,
Liebe ist die, der man glauben muss,
Liebe sagt nie, was wir tun sollen,
Liebe beginnt täglich ohne Schluss.

Liebe muss man nur begreifen,
Liebe heißt nicht täglich Sonnenschein,
Liebe lässt man respektvoll reifen,
Liebe könnte immer bei uns sein.

## Ein Hoch der Unvernunft

Es lebe hoch die Unvernunft,
ein Lachen soll uns tragen,
wer stets nach einer Antwort sucht,
hat stetig tausend Fragen.

Es lebe hoch die Leichtigkeit,
dem Frohsinn stets ergeben,
mit Lachen, statt in Dunkelheit,
lässt es sich besser Leben.

Vernünftig sein kann man auch morgen,
viel zu kurz dieses Leben, die Zeit.
Lasst heut etwas Unvernunft uns borgen,
morgen sind wir wieder für alles bereit.

Man nehme sich einfach mal nicht für voll,
barfuß durch den warmen Sommerregen,
spinnen und lachen, die Welt ist toll,
alles Wichtige kann man doch später bewegen.

Das Glas leer trinken und lallend singen,
alles schwarz-weiße für den Moment bunt,
lasst sündige Völlereien bringen,
Hauptsache, es ist alles ungesund.

Denn vernünftig sein kann man auch morgen,
viel zu kurz dieses Leben, die Zeit.
Lasst heut etwas Unvernunft uns borgen,
morgen sind wir wieder für alles bereit.

Wirf den Ernst bei hoher Flut über Bord,
presch über die Wogen weit auf das Meer,
deine Flaschenpost tragen die Wellen fort,
vom Horizont eine andere zu dir her.

Man sieht frei die rote Sonne aufgehen,
dieses Leuchten an des Himmels Rand,
und es werden plötzlich Dinge geschehen,
die man zu vor noch nicht gekannt.

Denn vernünftig sein kann man auch morgen,
viel zu kurz dieses Leben, die Zeit.
Lasst uns heut etwas Unvernunft borgen,
morgen sind wir wieder für alles bereit.

Komm, schenk das Glas noch einmal ein,
lass uns heute ein Leben träumen,
irgendwann wird es täglich so sein,
nichts werden wir noch versäumen.

Tränen und Streit, diese verlorenen Tage,
begraben von Frohsinn und Lachen,
sich anschauende Augen beantworten die Frage
und niemand, der kann etwas dagegen machen.

Denn vernünftig sein kann man auch morgen,
viel zu kurz dieses Leben, die Zeit.
Lasst uns heut etwas Unvernunft borgen,
morgen sind wir wieder für alles bereit.

Barfuß durch den warmen Sommerregen,
nasse Sachen werden zur zweiten Haut,
doch man spürt eine Wärme in sich leben,
weil man liebend auf das Richtige baut.

Arm in Arm und eng umschlungen
und wir lassen dies Glück nie mehr fort
und schon hat man alle Zweifel bezwungen
an diesem im Regen sonnigen Ort.

Denn vernünftig sein kann man auch morgen,
so sei man täglich für dies Leben bereit,
dieser Regenbogen bis gestern verborgen,
voller Hoffnung heute farbenfroh für alle Zeit.

# Bedenkt

Eines geb ich zu bedenken,
Liebe lässt sich niemals lenken.
Denn so wie jede Jahreszeit,
verändert sie sich weit und breit.

Wohl aber kann man täglich etwas tun,
etwas streicheln, wärmen oder kühlen,
man sollte niemals auf ihr ruh'n,
dann kann man sie für immer fühlen.

Auch Wetter sind nicht immer gut,
das ändert nichts am Dasein,
glaubt mir, sie bleibt unter uns,
das sollte jedem klar sein.

Wenn es kalt ist, sucht man Wärme,
ist es warm, verlangt man Eis.
Liebe kann mit beidem leben,
wem das bewusst ist, hält sie blütenweiß.

Nach dem Frühling kommt ein heißer Sommer,
einmal länger, manchmal ist er schnell vorbei,
durch dicke Wolken kann man kaum die Sonne sehn,
der Zeiger dreht sich weiter, ihm ist das einerlei.

Dem Sommer folgt der Herbst, ungemütlich und oft kalt,
und dennoch dieses Wunder bleibt bestehen,
glaubt, man sich auch manches Mal verirrt im tiefen Wald,
kann man doch nur hier die bunten Farben sehen.

Es wird kälter der Winter, doch man kann jetzt Wärme geben,
ist jemand da, der immer zu einem stand,
zusammen lässt es sich auch in kalten Zeiten leichter leben,
man wird immer spüren, was einen stets verband.

Der Zeiger bleibt nicht stehen und der Frühling,
er wird kommen,
neue grüne Sprossen werden ganz sicher wieder blühen,
altbekannte Düfte machen immerwährend benommen,
um Sonne zu sehen, muss durch festen Boden
man sich mühen.

Wieder folgt ein Sommer, die Zeit kann nicht stehen bleiben,
der Boden gelockert, die Flora hat es leicht.
Alles muss bleiben in Bewegung und immerfort austreiben,
weil irgendwann das Grün der Last des Eises weicht.

Ein ewiger Kreislauf, man muss ihn nur verstehen,
stets in Bewegung halten die eigene gemeinsame Welt,
so wie die Natur kann auch die Liebe nie vergehen,
wenn man sich nur an diese goldene Regel hält.

## Neue Welten

Neue Welten, neues Glück,
der Himmel steht heute offen,
nur selten schaut man noch zurück,
kaum Sehnsucht nur ein Hoffen.

Die eigne Bleibe, eigenes Leben,
die letzten Fäden sind zerschnitten,
kann es noch was Schöneres geben,
man hat geliebt, gelacht, gestritten.

Doch tief im Herzen das alte Buch,
dies wird es immer geben,
wenn man einst nach einer Antwort sucht,
kann es vielleicht eine Lösung leben.

Geschrieben in allen den vergangenen Jahren,
die Erfahrung der Alten steckt darin,
denen man selten geglaubt, doch die immer da waren,
lebten es vor, legten es vor dich hin.

Diese Wunder, das Glück warten tagtäglich auf jeden,
doch werden wir es niemals wirklich sehen,
wenn wir es oft nur allein erleben,
und stets nur die unseren Wege gehen.

Gib stets ab von dem vielen Glück,
welches man täglich und immer erfährt,
gib von all dem einen großen Teil zurück,
dann bleibt es dir auch niemals verwehrt.

## Wo sind die Gerüche geblieben

Nie vergesse ich diesen leuchtenden Baum,
in so mancher stillen und Heiligen Nacht,
er war echt wie die Kerzen ein Kindertraum,
im Wäschekorb die Geschenke gebracht.

Im Raum lag des Waldes besonderer Duft,
die kleinen Nebel und der Geruch von Stollen,
Spannung zum Zerreißen lag in der Luft,
kann man noch Größeres wollen.

Wo sind nur all die Gerüche geblieben,
wo war der Schnitt in diesem Leben,
wer oder was haben sie vertrieben,
kann es noch Ruhe und Demut geben.

Nie vergesse ich dieses kleine Zimmer,
karg und leer, aber genug zum Leben,
wieder ein Baum wie Weihnachten immer,
wieder echte Kerzen, die Licht mir geben.

Tanzte allein um den Baum und sang mich heißer,
um mich herum keine Menschenseele,
schrie alles heraus, mal laut und mal leiser,
Wut ohne Demut schnürte zu mir die Kehle.

Wo sind nur all die Gerüche geblieben,
wo war der Schnitt in diesem Leben,
wer oder was haben sie vertrieben,
kann es noch Ruhe und Demut geben.

Nie vergesse ich, als die Kerzen ausgeblasen,
gab nie auf, hab sie irgendwann wieder entzündet,
hab mich von dem Nebel nicht verführen lassen
und Weihnachten irgendwann neu gegründet.

Zeigte mir und den meinen die andere Welt,
zu sehen, dass es gibt auch das andere Leben,
hab ihnen von den Höhen und Tiefen erzählt,
wünschte, Zusammenhalt würde es einst wieder geben.

Wo sind nur all die Gerüche geblieben,
wo war der Schnitt in diesem Leben,
wer oder was haben sie vertrieben,
kann es noch Ruhe und Demut geben.

Ruhe und Anmut werden so oft vergessen,
diese Zeit treibt meist zu Hektik und Stress,
von einem Perfektionismus zu sehr besessen,
ein Herz, statt von Freude, von Druck nur besetzt.

Doch nie werd ich vergessen, diesen Tag zu begehen,
um mich herum stets alle, die ich liebe,
vielleicht müssen Dinge sich ändern, um wieder zu sehen,
was ohne dies Selbstverständnis noch bliebe.

Wo sind nur all die Gerüche geblieben,
wer wird noch sehen, was ihm gegeben,
wer oder was haben sie vertrieben,
kann es noch Ruhe und Demut geben.

Nie vergesse ich die heiligen Nächte, welche uns gegeben,
wundervolle Stunden stets in Erinnerung geblieben,
wie viele Menschen werden dies niemals erleben,
nicht allein tanzend, nicht gemeinsam mit ihren Lieben.

Werd stets daran denken, was ich sah mit meinen Augen,
Höhen und Tiefen die mir das Leben gegeben,
weiß nicht, ob meine Lehren je für andere taugen,
und doch geb ich nicht auf, es anders zu leben.

Wo sind nur all die Gerüche geblieben,
wer wird noch sehen, was ihm gegeben,
wer oder was haben sie vertrieben,
kann es noch Ruhe und Demut geben.

Nie vergesse ich diesen leuchtenden Baum,
in so mancher stillen und Heiligen Nacht,
ist immer noch echt, die Kerzen leider kaum,
auch heut werden wieder die Geschenke gebracht.

Im Raum wieder leuchtende Kinderaugen,
die kleinen Nebel und der Geruch von Stollen,
Momente, die immer noch zum Träumen taugen,
kann man noch Größeres wollen.

Lasst uns diese wohligen Gerüche erhalten,
kniet nieder vor Demut, dass wir all dies haben,
lasst uns die Liebe leben und nicht nur verwalten,
denkt an Momente, an Chancen, die wir vergaben.

Bedenkt all die Dinge, warum wir so leben,
welch großes Glück uns gegeben auf dieser Welt.
Lernt, einen Teil davon zurückzugeben,
den Blick in den Spiegel vom Gewissen erhellt.

Ich wünsche mir gemeinsames Tun, gemeinsames Leben,
Zusammengehen nicht nur an ein paar Tagen,
es würde allen etwas mehr Zeit und Ruhe geben,
es wäre eine Antwort auf Tausende Fragen.

Schaut ihn nun an voller Demut, diesen wundervollen Baum,
vergesst nie die Gerüche, das Funkeln weiterzugeben,
gläserne Augen, dieser Nebel, dieser Traum,
es gibt einen wahren Sinn diesem Leben.

## Paar Millionen Liter später

Paar Millionen Liter Wasser
fließen Tag für Tag im Fluss,
spring da rein und lass dich treiben,
weil du willst, nicht weil du musst.

Täglich gehetzt von dieser Meute,
wild lechzend laufend im Akkord,
leb zunächst erstmal das Heute,
das Morgen läuft niemanden fort.

In der Mitte dieses Flusses
angekommen, wird es schwer,
tosende Strömung reißt dich mit sich
und sie gibt dich nie mehr her.

Das Ufer stets im Auge halten,
den Blick zurück niemals verlieren,
in bescheiden seichterem Gewässer
kann man auch weniger erfrieren.

All das Schöne dieses Flusses
kann man von hier aus besser sehen,
in tausend schillernd bunten Farben
hat man die Zeit, dies zu verstehen.

Paar Millionen Liter Wasser
Tag für Tag und ohne Rast,
lass dich langsam darin treiben,
du nur dies eine Leben hast.

## Kleine Prinzessin

Große Augen, die Haare wie Gold,
kleine Prinzessin, die wiegt sich im Wind.
Gott hat an dem Tag das Beste gewollt,
ein Schalk, dies Lachen, ein glückliches Kind.

Ein Stern, der zu uns auf die Erde gefallen,
nehm ich ihn in den Arm, wird mir warm,
wo sie geht, ist auch Licht, das leuchtet uns allen,
jede Sekunde ohne sie sind wir arm.

Drei Winter nun schon, wie die Zeit vergeht,
mir ist, als wenn es erst gestern war,
blau zitternd im Arm hat den Kopf mir verdreht,
was nun kommt, war dir noch nicht ganz klar.

Erst die Kälte, das Licht, dann der erste Schrei,
zuvor war es warm und geborgen,
dass wir uns freuen, dass du da bist, war dir einerlei,
wer will denken denn heut schon an morgen.

Die Tage verrannen, erste Sachen zu klein,
die Wiege begann sich zu biegen,
unsere Zeit gehörte dir, doch so muss das sein,
hatten versprochen, dich jede Sekunde zu lieben.

Welche Freude über den ersten Schritt,
die Worte verzaubert zum Wasserfall,
heut schiebst du den Einkaufswagen mit,
tanzt und springst wie ein neuer Gummiball.

Zwei große Augen, die alles wissen wollen,
zwei kleine Hände, die alles bewegen,
zwei Ohren, die nicht immer das hörn, was sie sollen,
doch ein großes Herz wird sich stets in dir regen.

Kleine Prinzessin, wieg dich im Wind,
tanze und springe und lache dein Leben,
sei stets glücklich, damit auch wir es sind,
werden dir stets unsere Liebe geben.

## Ewiges Spiel

Schatten und Licht, dieses ewige Spiel,
wie sie gegeneinander die Messer wetzen,
nur wer diese bittere Kälte kennt,
weiß die Wärme auch wirklich zu schätzen.

Mal liegst du am Strand, die Sonne brennt heiß,
doch dies ewige Spiel der Gezeiten
treibt manchmal das Wasser dir bis zum Hals,
wird grundlos sorgenfrei Sorgen bereiten.

Dinge, die uns Respekt wohl lehren,
wohlwissend, dass diese passieren,
respektlos zu oft den Rücken wir kehren
und dann beginnt mühsames Reparieren.

Doch eine kleine Narbe bleibt stets zurück,
dies sollte man dabei immer bedenken,
warum sich ausruhen in seinem Glück,
warum nicht stetig Richtung Sonne lenken.

Und irgendwann wird man Schatten werfen
nur hinter sich dem Licht stets entgegen,
dieses ewige Spiel keine Rolle mehr spielt,
trockenen Fußes wird man sich bewegen.

Am Horizont glitzernde Wellen, mannshohe Flut,
verführendes Gold soll als Warnung uns dienen,
entgegenzulaufen ist Dummheit nicht Mut,
aus der Nähe sind Dinge nie, wie sie schienen.

Schatten und Licht, dieses ewige Spiel,
sie gehören zu wirklich jedem Leben,
abwägen von beiden, gib niemals zu viel,
nur meine Liebe werd ich ein Leben lang geben.

# Text

„Ich werde das nicht ändern", meinte er vehement. Sein Gegenüber schüttelte den Kopf.
„Ja, aber was hast du davon, wenn du immer nur gibst, was wird aus dir?"
„Was denn geben, ich rede von Liebe, verstehst du das nicht?"
„Ich schon, aber wenn jemand immer nur bekommt, meinst du nicht, er gewöhnt sich daran?"
„Vielleicht, aber soll das nicht der Sinn sein?"
„Na ja, ich denke, es wird der Tag kommen, an dem man weniger geben kann, es können Zeiten kommen, an denen man vielleicht gar nichts geben kann, werden die dann auch da sein?"
„Das weiß ich nicht, warum aber nicht?"
„Vielleicht fühlen sie sich dann benachteiligt, weil sie es nie anders kannten."
Die beiden saßen in diesem kleinen Café am Nebentisch und unweigerlich musste ich dieses Gespräch verfolgen. Ist es nicht unser tägliches Leben? Wie könnte es doch einfach sein, dachte ich mir, sind wir nicht eigentlich alle gleich „konstruiert". Warum ist es nicht selbstverständlich, dass die Waage sich nicht nur in eine Richtung neigt. Warum lassen wir das zu? Haben wir uns nicht längst alle an das gewöhnt, was wir haben? Jeder erwischt sich doch irgendwann dabei, unzufrieden zu sein, unzufrieden über Dinge, welche andere nie besitzen werden. Die meisten haben doch längst verlernt, sich über die kleinen Dinge zu freuen, sehen nicht mehr die eigentlichen kleinen Sensationen, welche das Leben täglich für uns bereithält. Wir sollten das wieder lernen, viel Zeit dafür bleibt uns nicht mehr, dann haben es auch die Letzten vergessen. Wie schwer geht den meisten ein einfaches Danke über die Lippen. Wie wenig weiß man Dinge zu schätzen, die vielleicht gerade für den anderen wichtig sind. Alles muss immer das Neueste sein, muss in das moderne Bild der Gesellschaft passen. Aber ist das unsere Gesellschaft, ist es wirklich das, was wir wollen? Längst ist doch alles unpersönlich geworden. An den Kassen der Supermärkte

sitzen keine Menschen mehr und dies ist nur der kleine Anfang. Kommuniziert wird über das Smartphone, ist ja auch irgendwie bequem. Selbst wenn jemand lügt, muss er ja seinem Gegenüber nicht mehr in die Augen schauen und wird es unbequem, bricht halt die Verbindung ab. Wir verlernen das, miteinander umzugehen, und bald werden wir den Blickkontakt gänzlich meiden, viele werden nicht mehr damit zurechtkommen, sehen nicht mehr, was die Augen eines anderen Menschen zu sagen in der Lage sind.

„Ich werde das nicht ändern", wie sehr wünschte ich mir, diese Worte öfter zu hören.

Jemand, der einmal anerkennend auf die Schulter klopft, auch einmal kritisiert, aber dies ausschließlich von vorn, einen tröstend in den Arm zu nehmen vermag, einfach manchmal nur wortlos zuhört, sich für den anderen in die Fluten wirft, jemand, der dankbar ist für das, was er hat, jemand, der auch einen Fehler verzeiht, jemand, der Dinge, nur weil sie da sind, nicht einfach für selbstverständlich hält, jemand, der sich an die oder den Menschen erinnert, der immer für ihn da war. Wenn ich einen Wunsch zu Weihnachten offen hätte, würde es diese Menschen wieder geben.

## Menschen vergessen

Menschen vergessen, erinnern sich nicht,
Dinge passieren, werden einfach geschehen,
wir leben in den Tag, erfüllen unsere Pflicht,
während wir die tiefsten Täler nicht sehn.

Ohne zu ahnen, den Abgrund entlang,
bleibt die Hoffnung, das Richtige zu tun,
liegen lassen den, der nichts verlangt,
Gewissen und Verstand lässt man einfach nur ruh'n.

Doch da sind noch Menschen, die Liebe geben,
oft genug werden die nicht gehört,
die opfern dafür ihr halbes Leben,
man vergisst sie, weil es manchmal auch stört.

Zugehört oft nur mit einem Ohr,
Meinung gebildet, das Urteil gefällt,
gibt es Trümmer, steht man schweigend davor,
hadert und verflucht sie, diese ungerechte Welt.

Doch was bleibt, ist die Hoffnung, dass da irgendwer ist,
der noch ohne die Waage gut leben kann,
der nicht den anderen mitzunehmen vergisst,
manch Leben fängt sehr oft von vorne an.

## Bettler oder König

Schau ich in den Himmel, dann fallen mir ein
Millionen von Gedanken,
werd Bettler oder König ich sein,
gerät meine Welt je ins Wanken.

An einem Tag das Glück dir scheint,
morgen kann es schon sein vergessen,
genieße es, ehe es weiterzieht,
dann werde davon besessen.

An diesem Tag, wo die Liebe nur zählt,
sei einfach für jemanden da,
gib ihm all das, was sonst ihm fehlt,
schwelge in dem, was ist und was war.

Pack die Liebe, ist sie wahr, in eine Schachtel,
frier tausend Jahre sie für jemanden ein,
dann wirst du etwas entdecken,
es wird noch dieselbe sein.

Ach gäbe es doch so lange Leben,
ich würd es beweisen doch jede Stunde,
würde alles davon weitergeben
in unserer kleinen Runde.

Der Kinder leuchtende Augen
uns täglich zu Königen macht,
zum Trübsal ihre Fragen nicht taugen,
nur helle Tage ohne stockdunkle Nacht.

Gebe acht auf die Hände der Bettler,
die dir nehmen wollen das Glück,
erkläre ihnen das Leuchten
und hole die Krone zurück.

Ach seh' ich, die Wolken fallen mir ein
Millionen von Gedanken,
man wird immer mal König, mal Bettler sein,
davon gerät die Welt nicht ins Wanken.

Gib diesen Halt, der niemals bricht,
nicht bei Hagel, Eis oder Sturm,
daran wird selbst scheitern das Jüngste Gericht,
täglich höher, uneinnehmbarer Turm.

## Sonntagsgedanken

Heut ist wieder Sonntag, ich sitz hier allein,
Gedanken erfüllen den Raum.
Ich weiß wohl, hier fehlt was, sitzt unendlich tief.
Alles dreht sich, ich spüre mich kaum.

Dieser Stich da im Herzen, der Magen ganz flau
und dennoch da ist heut was da,
was Ängste lindert, die Schmerzen kuriert,
etwas Großes, ich spür es ganz nah.

Wie lange habe ich sie vermisst,
die Zeichen für ein anderes Leben.
Nur etwas Liebe, die ehrlich gemeint,
ein Wort, eine Geste, das muss es doch geben.

Nach außen bin ich der starke Mann,
der alles meistert, als wenn es das Einfachste ist,
doch kommt es denn darauf überhaupt an,
niemand, der fragt, ob man etwas vermisst.

Wie sehne ich mich nach der Geborgenheit,
zwei Arme, in die auch ich fallen kann,
liebe Worte, ein Kuss, ein wenig Zärtlichkeit,
wenn ich jemand brauche, lehn ich mich an.

So lang war es dunkel, kein Licht weit und breit,
alle Hoffnung schien nur zu verfliegen.
Was würd ich drum geben, wär zu allem bereit,
wenn mich jemand begreift und bereit ist zu lieben.

Und dann war da dieser Moment, ein Funke im Leben.
Belanglos schrieb ich ein paar Zeilen.
Keine Hoffnung auf Antwort, wusste nicht mal an wen,
nur zwei Augen wie Sterne, die mit mir etwas teilen.

Nur ein Bild, das mit mir zu sprechen schien,
ich wusste nicht, was hier passierte.
Warme Worte zurück, unglaublich vertraut,
ich glaubte, ich träumte, als ich es kapierte.

Sollte das dieser Moment im Leben sein,
der Zufall, das Schicksal, von dem jeder spricht,
an den ich wohl glaubte, aber nicht wirklich sah,
doch das hier war anders, ich spürte es nah.

Ich glaubte zu träumen, das kann so nicht sein,
Weiß nicht einmal, wer der andere ist.
Doch die Worte, sie sprudelten wie ein reißender Fluss
und ich spürte, das ist vieles, was ich bisher vermisst.

## Sprachlos

Es war ein guter Moment, als ich dich das erste Mal sah,
etwas Besonderes vom ersten Augenblick,
wurde sprachlos, du warst fern und doch so nah,
das Gute im Leben kehrte nach langer Zeit zurück.

War wie verwandelt, bunte Schmetterlinge in Scharen,
es beginnt noch mal von vorn, war neu geboren,
weiß nicht, wo diese Gefühle vorher waren,
ich hatte tatsächlich meine Sprache verloren.

Du machst mich sprachlos noch heute jeden Tag,
die Art von Schweigen, die einzige, die ich mag.
Du machst mich sprachlos, treffe ich deinen Blick,
einfach nur Liebe, Geborgenheit und Glück.

Ein großer Mund, der selten steht still,
kein Blatt davor, die Zunge nicht gespalten,
und daraus Worte nur, die ich selber will,
will man den zügeln, braucht man schon Gewalten.

Doch es passieren Dinge, die niemand je geglaubt,
du siehst mich sprachlos, wenn ich nur an dich denk,
hast Feuer entfacht und Schlechtes weggeglaubt,
ich nehme es täglich aufs Neue als Geschenk.

Du machst mich sprachlos noch heute jeden Tag,
die Art von Schweigen, die einzige, die ich mag.
Du machst mich sprachlos, treffe ich deinen Blick,
einfach nur Liebe, Geborgenheit und Glück.

Die kleine Gruppe da, du und die Kinder,
ich könnte beim Zuschauen schon platzen vor Glück,
ziehen auch mal Wolken auf, ist stets Sonne dahinter,
ich schwör dir, ich gebe diese Liebe ein Leben lang zurück.

Sprachlos, wenn ich an all das denk.
Ich glaube, das wird wohl immer so sein.
Was soll ich nun sagen, wo du machst mir das
größte Geschenk.
Ich freu mich, ich lieb dich, kann nur noch sprachlos sein.

Du machst mich sprachlos noch heute jeden Tag,
die Art von Schweigen, die einzige, die ich mag.
Du machst mich sprachlos, treffe ich deinen Blick,
einfach nur Liebe, Geborgenheit und Glück.

## Staunen

Staunen, nicht wundern, Glück einfach sehen,
Nahrung geben, dass es kann sprießen,
täglich kann all dies wieder geschehen,
das Neue sehen, nicht einfach genießen.

Jeder Tag kann wieder der erste sein,
einen letzten muss es niemals geben,
es passt so viel Liebe in ein Leben hinein,
jede Minute sollten wir danach streben.

Sehen, was ist, nie vergessen, was war,
niemals verändern, nur besser machen,
Glück legt uns täglich Wahrheiten dar,
kann täglich Feuer neu entfachen.

## Tänzerin

Bist Tänzerin, Prinzessin oder Märchengestalt,
dein Lachen lässt jedes Herz höherschlagen,
auch hätte man schon alle Bilder gemalt,
bei dir würde man noch eines wagen.

Deine zappelnde wuselnde Fröhlichkeit
steckt an, man muss sich bewegen,
und drehst du dich in deinem schwingenden Kleid,
können Gelähmte sich wieder regen.

Du wirst größer und schlauer, die Zeit, sie vergeht,
manchmal zeigst mahnend du uns die Richtung,
und steht man auch manchmal im dunkelsten Wald,
mit dir findet man schnell eine Lichtung.

Dein Rufen in nächtlicher Dunkelheit
wie würden in der Stille sie mir fehlen,
bin auch zum hundertsten Drücken bereit,
lass gerne von all deinen Wünschen mich quälen.

Hey kleine Prinzessin, setze auf deine Krone,
du wächst und gedeihst, es das Herz mir erweicht,
ich bete und wünsche, dass es lange noch schlägt,
keine Sekunde ich verpasse, bis du alles erreicht.

## Ende vor dem Anfang

Das Leben hat nicht heut begonnen,
doch war's ein großer Schritt,
lauf weiter, überspring die Hürden,
nimm dabei auch die anderen mit.
Den Startschuss nie vergessend,
vor Augen stets das Himmelszelt,
stetig täglich neu ergründend,
bis der nächste Vorhang fällt.

## Tätervolk

Tiefe Wut macht sich in mir breit,
alte Wunden wieder aufgerissen,
Tätervolk hieß es doch lange Zeit,
meine Empörung darüber, ich werd sie vermissen.

Unzufriedenheit über diesem unserem Land,
hat das noch etwas mit meiner Heimat zu tun,
ja hab ich sie denn je gekannt,
Erinnerungen beginnen zu ruh'n.

Dass wir heut wieder Waffen anfassen
und dennoch keinem die Hand abfällt,
wir nehmen es schon wieder sichtlich gelassen,
es werden weniger, die dies noch quält.

Für mich ist es täglich schwer zu ertragen,
immer mehr, wenn ich diese Bilder sehe,
sie müssen uns dazu nicht einmal mehr fragen,
wo wäre der Sinn, wenn ich sie wählen gehe.

Wie können wir denn stolz sein, in Frieden hier zu leben,
wie können wir heuchelnd das Falsche tun,
wenn wir denen unsere tödlichen Waffen geben,
mit mehr davon werden Kriege niemals ruh'n.

Eine Schweigeminute, gesenkte Häupter im Parlament,
man gedenkt der Toten des größten Krieges unserer Welt,
Minuten später man zur Urne rennt.

## Vom Denken und Tun

Denke nach, was ich sollte, überlege, was ich tue,
bemerke, beide haben einen Streit,
doch wie ich so abwäge, stell ich wieder fest,
noch bin ich zur Unvernunft bereit.

Was heißt korrekt, wem kann es schaden,
wenn wer bewusst tut, an was er glaubt,
wird bis zum Hals trübes Wasser durchwaten,
wird glaubhaft der Glaubhaftigkeit beraubt.

Pflicht ist Pflicht und Pflicht ist Regel,
wir werden doch so schon alle gleicher,
bemerke, langsam steigt der Pegel,
doch in mir werd ich dadurch reicher.

Die Mauern längst um uns gezogen,
gläsern der Mensch, Gedanken verfliegen,
wir werden von früh bis spät belogen,
und wenn sie wollen, werden sie uns kriegen.

Ich glaube an Dinge, lasse Flügel mir sprießen,
man kann alles, muss nur dran glauben,
während Bewusste das gläserne Leben genießen,
steige ich auf, werd euch meiner berauben.

Wo sind sie denn, die blind Vertrauten,
mit denen man konnte durchs Leben gehen,
waren sie es, die diese Mauern bauten,
Herz wird schwer, hört denn keiner mein Flehen.

## Der Hase (Kindergeschenk)

Hey ich bin Schlappohr, dein Hase,
und ich gehör ab heute zu dir,
solang du mich gut behandelst,
geb ich dir auch etwas dafür.
Du kannst mir alles erzählen,
was dich so quält Tag und Nacht,
von falschen Freunden und denen,
die dir heut Ärger gemacht.
Ich weiß, es gibt diese Menschen,
die verstehen dich nicht,
nur weil sie nicht sind wie du oder ich,
doch denke bitte immer daran,
es gibt auch viele Freunde hier,
und jene sind's, die zählen, das glaube mir.
Erzähle mir auch von den schönen Dingen,
welche man täglich erlebt,
gemeinsam kann man sich besser freuen
und lachen, dass die Erde bebt.
Kannst dich auch beschweren bei mir,
wenn das Essen mal wieder nicht schmeckt,
die Eltern ganz nebenbei mal wieder ne 6 haben entdeckt.
Doch zeig mir stets auch das Gute
und freue dich dann mit mir,
denk stets auch an die anderen,
dann gehör ich für immer zu dir.

## Also berühre ich den neuen Tag

Also berühre ich den neuen Tag,
hoffe, das Spiel beginnt von Neuem.
Ich hoffe, die Sonne geht heut anders auf
und dass man heut nichts muss bereuen.

War am Äquator und tief im Osten,
da lag ein Lachen in der Luft.
Ich sah die Tiefen Afrikas,
welch ein besonderer Duft.
Sah auch die Menschen voller Leiden,
mit Gold Bestückte nebenan,
dasselbe Herz schlägt doch in beiden,
ob Kind, ob Frau oder Mann.
Hier auf den größten Schätzen
diesen Wundern unserer Erde
hört man sie nur die Messer wetzen,
auf dass der andere anders werde.
Da geht es um Ruhm, Geld, Gold und Glaube,
die Sonne brennt sich ins Gesicht
zu heiß für jede Friedenstaube,
es fehlt der Mut für ein Gericht.

Also berühre ich den neuen Tag,
hoffe, das Spiel beginnt von Neuem.
Ich hoffe, die Sonne geht heut anders auf
und dass man heut nichts muss bereuen.

Katastrophen, Hunger, Krieger,
dies Leid nimmt täglich sein Lauf,
was es nie geben wird, sind Sieger,
man zerstört und baut dann wieder auf.
Nun rollen die Schätze den Berg hinab,
kaum ein Brocken davon bleibt dort liegen,
und wieder bekommt der, welcher alles hat,
man wird ihre Seelen verbiegen.
Einer dieser Bomber, der nicht gebaut,
könnte Tausende Menschen retten,
bestellt von Menschen, denen die Mehrheit vertraut,
sie schlafen friedlich in weichen Betten.
So wird dann dieses heuchelnde Heer
an jedem neuen Tag uns auf's Neue belügen.
Vielleicht wählt man sie eines Tages nicht mehr,
sie müssten sich selber betrügen.

Also berühre ich den neuen Tag,
hoffe, das Spiel beginnt von Neuem.
Ich hoffe, die Sonne geht heut anders auf
und dass man heut nichts muss bereuen.

## Eine Fabel (Text)

Wieder einmal streifte der stets hungrige Wolf durch das Land. Da sah er auf einem Hügel eine Ziege stehen. Voller Vorfreude leckte er sich sein gieriges Maul.

„Hey Ziege“, rief er, „du bist doch wie ich allein, komm runter und lass uns zusammen speisen. Hier unten ist das Gras viel saftiger als auf deinem verdorrten Hügel.“

Die Ziege jedoch war nicht dumm und wusste, was die Stunde geschlagen hatte. „Ich bin nicht allein“, antwortete sie ihm, „hinter dem Wäldchen rechts von dir grasen meine sieben Kinder, lass uns mit denen speisen.“ Als der Isegrim das hörte, hüpfte sein Herz vor Freude und das Wasser lief ihm im Munde zusammen. Schnell rannte er los. Sieben Leckerbissen auf einmal, das hatte er sich nicht in seinen kühnsten Träumen vorgestellt. In seiner Vorfreude und Gier übersah er jedoch einen Fluss, der vor dem Wäldchen lag, und da das Wasser sehr tief und die Strömung stark waren und der Wolf obendrein kein guter Schwimmer war, rissen die Fluten ihn mit.

„Hey Isegrim“, rief die schlaue Ziege ihm lachend nach, „ich denke, wir wollen zusammen speisen!?“, und lief zufrieden nach Hause.

## Die Kamera (Teil III)

Fand sie auf dem Boden, diese alte Kamera,
könnt geben preis ein ganzes Leben,
um zu sehen, was sie in den Jahren sah,
was würde ich nicht alles dafür geben.
Altes Gehäuse, stark wettergegerbt,
geschützt durch altes abgewetztes Leder,
nun hab ich ja wohl diese Last geerbt,
meine Gedanken fliegen davon wie eine Feder.

Da ist das kleine Körbchen, dessen Inhalt kaum zu sehn,
und dennoch kann man es fast schreien hören,
man sieht noch diesen Schatten, keine Minute wird vergeh'n,
jede Sekunde wird die Liebe ihm gehören,
darinnen liegt von zweien ein gewünschtes großes Glück,
die Linse sah Bangen, Leiden und die Freude,
man wünscht sich diese Augenblicke täglich fast zurück,
sie hat sie eingefroren, als wäre es gerade heute.

Die riesige Zuckertüte, weiße Söckchen und ein Kleid,
die Augen strahlten, die Linse ward fast blind.
OK für dieses Rosa täte es mir heute etwas leid,
doch an diesem Tag war es nur glücklich, dieses Kind.
Und dann mit diesen Freunden auf der Abenteuerfahrt,
auf Burgen, Schlössern oder klatschnass
gezogen aus dem Bach,
das gequälte Lachen mit dem Fahrrad auf dem Berg,
auf diesem Bilde vollzieht man diese Leiden fast noch nach.

Die Kleider plötzlich anders, lange Haare wehen im Wind
und in der Hand das Glas mit goldenem Wein,
irrt die Linse, ist das denn wirklich dieses Kind,
die Zeit verging, doch diese Kamera fing alles ein,
wie ein Wirbel tanzend ausgelassen in dem Saal,
wenig später versunken über Büchern und der Pflicht,
nach durchzechter Nacht war das oftmals eine Qual,
die Linse weiß zu berichten auch von diesem Gesicht.

Die Kamera-Momente, die Zeit scheint still zu stehen,
die Zeugen schaut man an und wird genießen,
Momente eingefroren, werden niemals so vergehen,
wird lachen, reden, manchmal Tränen auch vergießen,
dies wunderbarer, einzigartiger Moment,
wenn im Dunkel surrend spulte ein Film zurück,
das war wie eine Zeit, die plötzlich rückwärts rennt,
voller Spannung man wartete auf dies balsamierte Glück.

## Der König ist tot, er lebe

Dies der wahre König unserer Welt,
der einzige, der uns am Leben hält,
der ihn nie gesehen, ihn stetig verbannt,
dessen Seele auf Dauer von innen verbrannt,
ist schuld an diesem qualvollen Sterben,
es wird immer schwerer, diese Güte zu erben,
erscheint uns einfach so und lässt sich nieder,
anfangs singen wir auch noch seine Lieder.
Doch allzu schnell vergessen, verraten,
missbraucht, als wenn es kein Morgen mehr gäbe.
Der König ist tot, der König, er lebe.

Ein riesiger Berg von stinkendem Müll,
wehende Fetzen dort im staubigen Wind,
in dieser Wolke von Krankheit und Dreck
kaum vier Jahr alt dies wühlende Kind.
Auf der Suche nach etwas Nahrung vielleicht,
das kleinste Ding, das helfen kann,
kennt nicht dies Gefühl, wenn es zum satt werden reicht,
auf der Suche nach dem König steht es ganz hinten an.
Sieh das hämmernde Kind da unten am Fluss,
Steine für Kies, die der Vater braucht,
weil er heut etwas verkaufen muss,
damit sich nicht die letzte Hoffnung verraucht.
Der Bauunternehmer es wortlos verlädt,
ein Meter Straße, ein Grenzstein vielleicht,
käme er nicht, kann es sein, es wär schon zu spät,
heut hat es noch zum Überleben gereicht.

Und hier dröhnen des Königs betörende Lieder,
hier wird er täglich vergessen, verraten,
wo er sich lässt nieder, gehört er uns schon,
doch so, wie wir das glauben, wird schwächer sein Ton,
und wir prügeln drauf ein, als wenns kein Morgen mehr gäbe.
Der König ist tot, der König, er lebe.

Und hier vor der Haustür, dieser U-Bahn-Schacht,
er kam vom Feiern, torkelnd betrat er den Raum,
den ganzen Abend gesungen, gelacht,
die zwei Jungs da, kaum siebzehn, bemerkte er kaum.
Erst nur ein paar Worte, ein kleines Schieben,
er wehrte sich nicht, glaubte, es geht mit Reden,
nach dem fünften Schlag ist er liegen geblieben,
doch man hat ihn immer weiter getreten.
Der eine wirr tanzend, es war vollbracht,
lachend und johlend vor der Kamera,
für ihn da am Boden stockfinstere Nacht,
man konnte später nur retten, was da noch war.

Früher dröhnten des Königs betörende Lieder,
heut wird er täglich vergessen, verraten,
wo er sich lässt nieder, gehört er uns schon,
doch so, wie wir das glauben, wird schwächer sein Ton,
und wir prügeln drauf ein, als wenns kein Morgen mehr gäbe.
Der König ist tot, der König, er lebe.

Nur ein paar dieser Dinge, die ihn sterben lassen,
täglich passiert es auch anders auf dieser Welt,
uns Geschenktes verraten, es ist kaum zu fassen,
man wirft weg, was man in den Händen hält.
Die Väter und Mütter, denen Kinder geschenkt,
die das Wertvollste im Leben verachtet, gequält,
warum haben sie nicht irgendwann eingelenkt
und einen anderen besseren Weg gewählt.
Schinder und Quäler, denen man die Freiheit schenkt,
weil sie ein Recht auf Menschheit haben,
man lässt sie laufen, der Steuersünder wird gehängt,
auch hier wird dieser König tagtäglich begraben.

Und hier dröhnen des Königs betörende Lieder,
hier wird er täglich vergessen, verraten,
wo er sich lässt nieder, gehört er uns schon,
doch so, wie wir das glauben, wird schwächer sein Ton,
und wir prügeln drauf ein, als wenns kein Morgen mehr gäbe.
Der König ist tot, der König, er lebe.

Der Alte dort, man hat ihn vergessen,
abgeschoben an diesen wunderbaren Ort,
Stunde um Stunde vergeblich am Fenster gesessen,
nur Gedanken an früher tragen ihn hier fort.
Dass es so nicht mehr ging, man muss das verstehen,
der wusste doch gar nicht mehr, was er tat,
wir müssen doch täglich Schaffen gehen,
und überhaupt seine schroffe Art.
Was heißt hier schon, dass er an uns stets dachte,
wir haben doch auch unser eigenes Leben,
wenn ich dies schöne Heim hier betrachte,
mehr können wir ja nun wirklich nicht geben.

Und wieder verklingen des Königs betörende Lieder,
hier wird er täglich vergessen, verraten,
wo er sich lässt nieder, gehört er uns schon,
doch so, wie wir das glauben, wird schwächer sein Ton,
und wir prügeln drauf ein, als wenns kein Morgen mehr gäbe.
Der König ist tot, der König, er lebe.

Es ist dieser König, den man Liebe nennt,
mal himmelhochjauchzend, mal zu Tode betrübt,
man kann ihn kaum finden, wenn man nur noch rennt
und sich niemals mehr in Gelassenheit übt.
Nur noch raffen und handeln, nach oben streben,
kaum Zeit bleibt da noch, diesen König zu sehen,
was könnte man doch mit ihm gemeinsam erleben,
durch Respekt, Vertrauen, Zusammenstehen.
Zu schnell wird er heute als Besitztum betrachtet,
ist er erst da, vergisst man ihn oft,
uns ist nicht zu helfen, sind wir schon so weit umnachtet,
manch einer seinen Lebtag vergebens drauf hofft.

Und hier dröhnen des Königs betörende Lieder,
hier wird er täglich vergessen, verraten,
wo er sich lässt nieder, gehört er uns schon,
doch so, wie wir das glauben, wird schwächer sein Ton
und wir prügeln drauf ein, als wenns kein Morgen mehr gäbe.
Der König ist tot, der König, er lebe.

## Steinerne Zeugen

Steinerne Zeugen, die schweigenden Riesen,
Menschen schreien und lachen, der Himmel so blau,
mitten im Ganzen zwei leuchtende Punkte,
ganz ineinander verschlungen, ein Mann, eine Frau.

Lachend ziehen sie durch alte Straßen,
außen die Kälte, doch von innen ganz warm,
lang her, dass sie wie heut alles andere vergaßen,
er küsste ihr zu, sie fiel ihm in den Arm.

Dann war dieser Platz sonst belagert von Menschen,
zwei leuchtende Punkte waren plötzlich allein,
ein Ring, ein paar Worte, das Lachen, die Tränen,
da musste doch ganz was Besonderes sein.

Steinerne Zeugen, die schweigenden Riesen,
ein Moment, an dem sich die Welt verbeugt,
was gibt es denn Größeres als ehrliche Liebe,
hier hat sie wieder zwei dieser Riesen gezeugt.

Nie werden sie diesen Ort und den Tag vergessen,
zurückkehren und leuchten so oft es nur geht,
nur gute Tage zu wollen, wäre sicher vermessen,
doch die Liebe wächst stetig, wenn man zusammensteht.

Steinerne Zeugen, die schweigenden Riesen,
dieser Ort ist und bleibt eine ewige Stadt,
zwei leuchtende Punkte, die sich täglich genießen,
dieser Ort an Magie noch gewonnen hat.

## Stell dir vor

Stell dir vor, wenn alles nicht wär, wie es ist.
Stell dir vor, dieser Raum wäre leer.
Stell dir vor, wie es wär, wenn dich niemand vermisst.
Stell dir vor, diese Last tonnenschwer.

Stell dir vor, es würde täglich ein Lächeln dir fehlen.
Stell dir vor, niemand hält je deine Hand.
Stell dir vor, wie tausend Gedanken dich quälen.
Stell dir vor, man schwebt haltlos, wo man felsenfest stand.

Stell dir vor, dich quält eine Hungersnot.
Stell dir vor, dass anderswo Menschen essen.
Stell dir vor, du ignorierst der anderen schleichenden Tod.
Stell dir vor, du hast es gewusst und einfach vergessen.

Stell dir vor, dass man dir Fallen stellt.
Stell dir vor, es sind Menschen wie wir.
Stell dir vor, man verkauft dich für eine Handvoll Geld.
Stell dir vor, jedes dich missbrauchende Tier.

Stell dir vor, dass du in einem Keller sitzt.
Stell dir vor, dass draußen Bomben toben.
Stell dir vor, diesen alles zerstörenden Blitz.
Stell dir vor, dass andere dieses Geschehen loben.

Stell dir vor, du läufst barfuß über glühende Steine.
Stell dir vor, du hast Drähte an deinen Gebeinen.
Stell dir vor genauestens, was ich damit meine.
Stell dir vor, die Sonne wird für dich nie mehr scheinen.

Stell dir vor, dies alles könntest du spüren.
Stell dir vor, es geschah alles nur im Traum.
Stell dir vor, ab jetzt würde dich dies etwas mehr berühren.
Stell dir vor, die Wahrheit erfahren wir kaum.

## Sternenkind

Tick, tick, tick, immer weiter läuft die Zeit,
nimmt ohne Rücksicht bedingungslos ihren Weg,
zum Stehenbleiben ist sie zu keiner Zeit bereit,
laufen vorwärts im Kreise, so lange es eben geht.

Immer wieder kehren Glück und Sorgen,
Sonne, Berge, Täler, Regen, Schatten, Licht,
doch man denke stets an morgen,
sonst erkennt man diese Wunder nicht.

Und so fragst du dich manchmal, warum jetzt und hier,
wir werden Dinge niemals verstehen,
die Natur ist doch so viel schlauer als wir,
manchmal müssen wir dies eingestehen.

Heute noch zahllose Tränen geflossen,
doch Wunder werden immer geschehen,
so werden kleine zarte Pflänzlein gegossen,
es wird daraus neues Leben entstehen.

Die Sonne begann gerade aufzugehen,
schien unvergleichlich und warm,
um plötzlich im völligen Dunkel zu steh'n,
eben noch König, plötzlich bettelarm.

Doch sie wird weichen, die Dunkelheit,
am Himmel, dieser Stern hell und klar,
er hält stets den Blick in die Zukunft bereit,
nichts kann immer so sein, wie es war.

Ich schau zu dir auf, du mein Sternenkind.
Ich weiß, dass ich loslassen sollte.
Ihr da oben und wir hier unten sind.
Keiner von uns das je wollte.

Hey du, mein kleines Sternenkind,
strahle und leuchte uns den Weg,
du zeigst uns doch, wie klein wir sind,
jetzt zeige uns, dass auch immer etwas geht.

Wie viele von euch werden über uns sein
Wächter für das, was wir weitergeben,
unsere Liebe verteilt auf jedes Kind,
so werden sie immer unter uns leben.

Versuche gar nicht erst, einen Sinn zu ergründen,
diese Gabe ist uns nicht geliehen,
mit deinem Leuchten werden den Weg wir finden,
auch wenn es schwerfällt, der Natur sei verziehen.

Verboten allein sei rückwärtszudenken,
vom Ganzen wird immer bleiben ein Stück,
auch uns wird man eines Tages beschenken,
undurchdringlich vernebelt dann der Blick zurück.

Die dunklen Tage werden vergehen,
Hand in Hand gestählt durchschritten dies Tal,
werden Dinge einfach noch besser verstehen,
hier geht's nicht um Kopf oder Zahl.

Niemals an Orten stehen bleiben,
wo es am dunkelsten ist,
den schnellen Weg aus den Höhlen finden,
die Sonne man zu schnell vergisst.

Täglich geschehen neue Wunder
und irgendwann fängt man sie ein,
dann wird diese Welt um das Doppelte bunter,
man wird wieder König sein.

Nun kleine Seele, steige nach oben,
Millionen von Sternen tanzen mit dir im Reigen,
ein Leuchten und Strahlen, lächelnder Schein,
ihr werdet uns stets den rechten Weg zeigen.
Werdet berichten vom großen Sinn, begreifen,
dass Leben ein Wunder ist, das nicht immer geschieht,
helfen, dass Wunder auch weiter reifen,
das eine bleibt, das andere weiterzieht.

Nun leuchte, strahlendes Sternenkind,
schau ich zu dir auf, wird mein Herz immer beben,
lächelst du leuchtend zu mir zurück,
dann kann ich damit leben.

Zeige jeden Abend mir dein wunderbares Strahlen,
ich schwör dir, diese Liebe werd ich weitergeben,
mit deinen Geschwistern hier unten tausend Sterne malen,
so wirst du in uns ewig weiterleben.

Tick, tick, tick, laufe nun schnell weiter Zeit,
bedingungslos bahne dir deinen Weg,
zum Stehenbleiben sind auch wir nicht bereit,
laufen vorwärts im Kreise, weil immer etwas geht.

Zurückkehrt das Glück, wird überstrahlen alle Sorgen,
Sonne tilgt Regen, kein Schatten ohne Licht,
man denke immer und stets an morgen,
dieser Zauber der Wunder entgeht uns nicht.

## Genieße das Leben

Stets versucht das Leben, dir zu zeigen
jedes Blatt, auf das man tritt, erst umzudrehen,
erklärt, dass es mal Kampf ist und mal Reigen,
wo es am schönsten, nie einfach bleibe stehen.

Nicht immer steil nach oben, doch einfach weiterlaufen,
das, was man hatte, nie als selbstverständlich
bleibend sehen,
Glück kommt und geht, ist nicht zu kaufen,
erst wenn es gegangen ist, können wir es oft verstehen.

Genieße es, das Leben, falls es ist, wie man es sagt,
dass wir nur dieses eine haben werden,
nie sollte es passieren, dass man nichts mehr hinterfragt,
im siebten Himmel oder stehend hier auf Erden.

Stets versucht dir auch zu zeigen vom Nehmen
und vom Geben
nun bist du es bald, die neue Farben setzt in diese Welt,
sei es Liebe oder Lehren, die einfache Kunst vom Leben,
gib nicht nur etwas weiter, was dir heut gefällt.

Es ist die Freude, einst zu sehen, wie deine
Regenbogenfarben
hernieder regnen auf ein kleines neues Wunder,
das Schlechte niemals spüren, ein bunter
Nebel wird's umhüllen
und du wirst sehen, die Welt wird wieder etwas bunter.

Genieße es, das Leben, falls es ist, wie man es sagt,
dass wir nur dieses eine haben werden,
nie sollte es passieren, dass man nichts mehr hinterfragt,
im siebten Himmel oder stehend hier auf Erden.

Versuche stets, das Leben weiter zu erklären,
es niemals heute sein wird, wie es gestern war,
stieg man da noch auf zu allerhöchsten Sphären,
was gestern noch heilig, stellt sich oft ganz anders dar.

Vergiss niemals das Geben vor dem Nehmen
und streiche deine Wände weiter bunt,
denn was du gabst, kommt stets zurück in diesem Leben,
egal, was kommt, kannst sehend erahnen dessen Grund.

Genieße es, das Leben, falls es ist, wie man es sagt,
dass wir nur dieses eine haben werden,
nie sollte es passieren, dass man nichts mehr hinterfragt,
im siebten Himmel oder stehend hier auf Erden.

## Täglich

Was soll ich noch für Worte verlieren,
wie sehr ich dich liebe, das weißt du ja schon.
Täglich werden wir uns neu probieren,
des anderen Lachen ein einfacher Lohn.

Täglich den anderen neu gewinnen.
Täglich aufs Neue erobert sein Herz.
Täglich ließe Stillstand nur Zeit verrinnen.
Täglich vergessen vergangenen Schmerz.

Täglich den anderen neu ergründen.
Täglich verstehen, nehmen und geben.
Täglich werden die Quellen im anderen münden.
Täglich wird man sich neu erleben.

Täglich das Haus etwas fester mauern.
Täglich den anderen neu verstehen.
Wer zerstören will, wird dies bedauern,
so wird diese Liebe niemals vergehen.

## Täglich Liebe

Tägliche Freude, dies Gesicht zu sehen
als erstes, wenn der Morgen graut,
das Wissen, dies wird nie vergehen
und man sich grenzenlos vertraut.

Täglich diese Stimme hören,
auf meiner Haut den Atem spüren,
dieses unbeschreibliche Gefühl,
wenn diese Hände mich berühren.

Täglich füreinander da zu sein,
in guten und in schlechten Zeiten,
kein Problem, ob groß, ob klein,
kann ernsthaft Sorge hier bereiten.

Täglich dies Lachen zu erleben,
andere Tränen hier nicht fließen,
Kraft zweier Herzen, die endlos beben,
und täglich aufs Neue sich genießen.

Täglich in diese Augen schauen,
die ihren Glanz niemals verlieren,
den Worten aus diesem Munde trauen,
an Dinge glauben, die passieren.

Täglich wächst die Unverwundbarkeit,
das Baden in diesem Drachenblut,
täglich neu füreinander bereit,
diese Liebe tut täglich aufs Neue so gut.

## Tanz, kleines Mädchen

Tanz, kleines Mädchen, tanze im Reigen,
lass es schwingen, dein glitzerndes Kleid,
was du bist, wird dein Lachen jedem hier zeigen,
jeder böse Blick tut uns schon gleich wieder leid.

Tanze und singe, wirf weg die Schuhe,
der Boden ist dann wie Eis,
vergiss manche Blicke, wir brauchen keine Ruhe,
du bist doch des Lebens bester Beweis.

Tanze, Tänzerin, tanz noch einmal,
zum Drehen braucht man ein Kleid,
übersah ich dein Lächeln nur ein einziges Mal,
so tut mir dies unendlich leid.

Tanz, kleines Mädchen, und zeig mir das Leben,
wir glauben nur, dass wir es kennen,
du wirst mir täglich die Gewissheit geben,
dass wir uns da gewaltig verrennen.

Täglich tanzt du uns vor deine Welt,
es scheint die Sonne unbefangen und rein,
arm ist der, für den all dies nichts zählt,
mal werden wir König, mal Bettler sein.

Tanze, Tänzerin, tanz noch einmal,
zum Drehen braucht man ein Kleid,
übersah ich dein Lächeln nur ein einziges Mal,
so tut mir dies unendlich leid.

Tanz, kleines Mädchen, tanze im Reigen.
So besteige ich täglich als König den Thron,
du kannst mir noch so viel Unglaubliches zeigen,
dass täglich wir lernen, weißt du ja schon.

Tanz, kleines Mädchen, ich hab es geschworen,
ein Leben lang für dich da zu sein,
habe kein einziges dieser Worte verloren,
denn du bist die Große, wir sind nur klein.

Tanze, Tänzerin, tanz noch einmal,
zum Drehen braucht man ein Kleid,
übersah ich dein Lächeln nur ein einziges Mal,
so tut mir dies unendlich leid.

## Gedanken verschwinden in Wolken

Und Gedanken verschwinden in Wolken,
wo sind wir, wo wollten wir hin,
tun wir immer nur das, was wir sollten,
oder nehmen wir all dies nur hin.

Von immer dünneren Eis getragen,
wenn wir noch können, dann stehen wir auf,
doch immer wieder entstehen diese Fragen
und wir bleiben ein Leben darauf.

Hier und da ist das Eis schon am Brechen
und man kann oder will es nicht sehen,
oft wird sich der letzte Schritt rächen,
welchen wir blind wissend dennoch gehen.

Wir glauben, wir haben es selbst in der Hand,
unsere eignen Geschicke zu lenken,
haben wir erst einmal die Wahrheit erkannt,
lohnt es sich nicht mehr, anders zu denken.

Es kann kommen der Tag, Farben wandeln,
was eben noch bunt war, schein plötzlich weiß,
da ist nichts mehr, für das lohnt sich zu handeln,
sanft und leise gebrochen, dies dünne Eis.

Ein kleiner Schritt nur, ein winziges Regen,
täglich lebend hinter ganz dünne Türen,
voller Ehrfurcht sollten wir uns bewegen,
sie werden sich öffnen, wenn wir sie berühren.

Und Gedanken verschwinden in Wolken,
wo sind wir, wo kommen wir hin,
wir tun nicht mehr das, was wir sollten,
nehmen das, was nun kommt, nur noch hin.

## Von der Quelle

Und irgendwo entspringt ein kleiner Fluss,
Tropfen für Tropfen sich Wege bahnen,
nicht jede dieser Perlen schafft es bis zum Schluss,
man kann die Größe hier noch nicht erahnen.
Die einen fließen auf gewachsenem Fels entlang,
ein paar andre versinken im lockeren Sand,
dem einen die Wege geebnet fortan,
das Schicksal der anderen ist bekannt.

## Menschen (Text)

Fünf Menschen, vier Männer und eine Frau, saßen bereits am Morgen auf dieser Bank. Verblichene Zigarettenkippen und kleine Flaschen säumten das Areal. Es war ein kleiner Bereich um diese eine Bank, vielleicht so um die zwei bis drei Quadratmeter. Es schien für sie Küche, Wohn- und wohl auch das ein oder andere Mal Schlafzimmer zu sein. Jeder von ihnen hatte eine oder zwei Plastik-Taschen dabei, in denen verstaut war, was sie zum Leben brauchten oder besser gesagt hatten. Ein zerbeulter Einkaufswagen diente als Schrank und Transportmittel. Sie unterhielten sich über Dinge, schimpften und diskutierten, gestikulierten und manchmal lachten sie. Wenn sie lachten, konnte man ihre zahlreichen Zahnlücken zwischen den restlichen schwarzen Zähnen erkennen. Eine Flasche kreiste, sie teilten, was sie hatten. Einzelne Wortfetzen und der Geruch von Zigaretten drangen zu mir herüber, während ich den Wocheneinkauf aus meinem Einkaufswagen im Kofferraum verstaute. An einer Packung frischen Lachses, welche durch die Kühlung etwas feucht war, blieb ein so drei Fuß langer Kassenbon, an dessen Ende eine nicht unerhebliche Zahl stand, haften. Während ich die schweren Kisten im Auto verstaute, fiel mein Blick immer wieder auf diese Bank und ich bemerkte, dass einer der fünf sogar einen Anzug trug, welcher natürlich sicher schon bessere Zeiten gesehen hatte. Vielleicht so wie alle, die da saßen? Was oder wer hatte sie dorthin getrieben? Warum sind diese Tropfen nicht auf festem Fels weitergeflossen, sondern in den losen Sandkörnern versickert?

Mein Kofferraum war vollgepackt und es gelang mir nur mit Mühe, die letzte Getränkekiste so zu verstauen, dass ich die Heckklappe zubekam. Jetzt musste ich mich aber beeilen, sicher war zu Hause das Mittagessen bereits auf dem Tisch und am Nachmittag musste ich mich noch in das Gewühl der Stadt stürzen, um die Weihnachtsgeschenke zu besorgen. Wie ich diesen Trubel verabscheue, aber es gehört ja nun einmal dazu ...

## Schon wieder Winter (18)

Und schon wieder Winter,
die Bäume sind grau,
gestern noch ein Mädchen,
heut fast eine Frau.

Es ist wieder Januar
und nun schon zum 18. Mal,
sie denkt nach über das Leben,
war es Freude oder Qual.

Habe ich stets alles richtig gemacht,
war dankbar für das, was mir gegeben,
oder ließ ich auch manchmal unbedacht
die Latte zu hoch auflegen.

Fehler begeht man nur durch Tun,
wer nichts tut, kann auch keine machen,
nur darauf sollte man nie ruh'n,
man kann sie lernen, all die Sachen.

Ne geile Zeit, man ist Rebell,
weiß alles, logisch, wir sind doch wer,
doch auch fallen kann man tief und schnell,
dann müssen die unwissenden Retter her.

Die Zeiten, sie wechseln, mal gut, mal schlecht,
doch egal, woher der Wind gerade weht,
immer abwägen, welche Freunde sind echt,
weil so einer immer zu einem steht.

Und da sind viele Menschen, der ehrliche Rat,
zuhören und lernen von gezeichneten Alten,
niemand fiel es leicht, wenn er um Hilfe bat,
doch man kann so sein Leben nur besser gestalten.

Alle waren da oder kommen dorthin,
niemand wird es richtig machen,
jeder wird neue eigene Fehler begehen
und irgendwann wissend darüber lachen.

Doch Größe ist manches anders zu tun,
geschehenen Fehler nicht ignorieren,
irgendwann werden dann auch die Alten ruh'n,
und innigst für das, was du dann bist, applaudieren.

Und immer wieder Winter, die Bäume wieder grau,
der Weg ist das Ziel und auch du wirst ihn geh'n,
das Leben lehrt ständig, ob Mädchen, ob Frau,
ist man erst auf dem Weg, wird man vieles versteh'n.

## Vater

Vater, schau, siehst du am Himmel die Wolke,
was wird wohl dahinter sein.
Vater, hast du stets getan, was man sollte,
fühltest du dich manchmal auch hilflos und klein.

Vater, hast du sie gestoppt, diese Spötter,
welche nie den Geist der anderen sah'n.
Vater, wie oft hast du beschworen diese Götter,
die immer oben und doch niemals unten war'n.

Vater, hast du auch gehört diese Schreie,
flehende Blicke nach ein kleinwenig Glück.
Vater, sag, warst du je der erste in der Reihe,
die voller Ehrfurcht auch einmal schauten zurück.

Vater, was hast du getan für deine Lieben,
denen einst doch du das Leben mit geschenkt.
Vater, hast du ihnen die Wahrheit des Lebens beschrieben
oder aus der Ferne nur die Richtung gelenkt.

Vater, ich weiß nicht, wie hieltest du's mit der Liebe,
wie oft hast du jemanden diese Worte gesagt.
Vater, wie oft hast du gefühlt, dass da was bliebe
und nicht nur den Ertrag all dieser Dinge erfragt.

Vater, warst du stets da, wenn wer dich rief,
hast auch einmal liegen lassen dein eigenes Glück.
Vater, hast du geholfen, wenn wem ging etwas schief
oder ließest du auch ab und an jemanden zurück.

Vater, schau, siehst du am Himmel die Wolke,
glaubst du, es gibt dort ein Schiedsgericht.
Vater, denkst du, wenn an der Pforte wir stehen,
dass man mit einer Waage all diese Dinge bespricht.

Vater, sieh, ins rechte Schälchen die guten Taten,
ins linke lässt man all die Schlechten fallen.
Vater, hat man dir jemals etwas verraten,
dass irgendwer sammelt dies von uns allen.

Vater, schau, die Waage wird sich neigen,
wie … all dies haben wir selbst in der Hand.
Vater, wem die Tür sich öffnet, das wird sich zeigen,
keiner weiß, wohin man den Rest verbannt.

Vater, schau, siehst du am Himmel die Wolke,
was mag wohl dahinter sein.
Vater, hast du stets getan, was man sollte,
fühltest du dich manchmal auch so hilflos und klein.

Vater, ich gönn es dir, dass sie sich wird neigen,
in die richtigste Richtung nun.
Welche dies ist, wird sich jetzt zeigen,
nur wir allein bestimmen mit unserem Tun.

## Vom Gehen

Was soll man groß Worte verlieren …

Es ist wieder jemand, der geht, es werden neue kommen,
ein Platz wird geräumt und morgen wieder gefüllt,
Dinge werden übergeben und morgen weitergeführt.

Was soll man groß Worte verlieren …

Jeder ist ersetzbar, wird ein anderer rufen,
vielleicht wird es Zeit, der Nächste,
neue Besen kehren gut, sagt ein Dritter.

Was soll man groß Worte verlieren …

Ich möchte heute diese Worte verlieren,
mit jedem, der geht, geht etwas mit, geht etwas verloren,
vielleicht etwas Erfahrung, die fehlen wird,
ein regelndes Wort, dass nicht fällt,
etwas Wärme in diesem kalten Leben,
vielleicht ein Lachen, das einen Fluch vertreibt.

# Vielleicht (1)

Vielleicht, die wir selten sehen.
Vielleicht, die wir selten hören.
Vielleicht die, die andre Wege gehen.
Vielleicht, die uns immer stören.

Vielleicht die Abgedrehten.
Vielleicht die Säufer auf der Bank.
Vielleicht, die nur wirr noch reden.
Vielleicht die, die immer krank.

Vielleicht, die schwach und klein sind.
Vielleicht die alte Frau im Heim.
Vielleicht in Afrika das Kind.
Vielleicht, der niemals wirft den ersten Stein.

Vielleicht sollten wir hören und sehen.
Vielleicht erweichen die Herzen aus Stein.
Vielleicht würden wir dann verstehen.
Vielleicht sollten wir endlich zufrieden sein.

## Vielleicht (2)

Möchte dir heut nicht viel schenken,
vielleicht nur ein paar kurze Zeilen,
wenn du sie liest, wirst du an mich denken,
in Gedanken bei mir verweilen.

Vielleicht ein paar meiner Gedanken
und wie ich so fühl, Tag und Nacht,
von Dingen, die sich um mich ranken,
von dem Leben, der Liebe und Macht.

Vielleicht auch unendliche Liebe,
wenn du aus der Ferne sie spürst,
man muss nur ganz fest daran glauben,
dann ist's, als ob du sie berührst.

Und donnert auch draußen der Regen
und reißt ein Sturm alles ein,
dann ist es auch nur wie im Leben,
vielleicht darf ich dann bei dir sein.

Vielleicht trägst du an diesem Tage
einen Ring und sei's in der Nacht,
schließ die Augen und lasse dich tragen,
das ist's, was ich meine mit Macht.

Vielleicht wirst du es jetzt spüren,
wie ein Teil deines Schildes zerbricht,
ich werde dein Herz nun berühren
und hoffe, dass es mit mir spricht.

Möchte dir heut nicht viel schenken,
nur das Wissen von Leben und Mut,
man kann ferne Sphären erreichen,
wenn man es gemeinsam tut.

Heut bin ich allein in der Ferne,
doch ich kehre hierher zurück,
vielleicht kann ich dir dann etwas schenken,
auf der Welt nennt man es überall Glück.

Vielleicht auch noch ein paar Blumen,
die duften wie du in der Nacht,
ein Duft mit dem du schon Hunderte Mal
mich um den Verstand gebracht.

Möchte dir heut nicht viel schenken,
meine Treue die gehört dir ja fest,
ich denke, das wird auch niemals enden
für meines Lebens Rest.

Mehr kann ich für heut dir nicht geben,
vielleicht noch ein ich liebe dich sehr,
du bist eingebrannt fest in mein Leben,
lebe und liebe, was gibt es denn mehr.

## Von Dingen, die passieren

Groß und unbeschreiblich Dinge passieren.
Unglaublich, doch wahr, die Lawine rollt.
Diese Dinge können Leben reparieren.
Gestern noch Stroh, heute schon Gold.

Gestern uns noch zu den Sternen geträumt
und heute schon dort angekommen.
Die Liebe hat sich aufgebäumt
und hat uns beide mitgenommen.

Du stehst vor mir, so ganz in weiß,
unbeschreiblich hast du mir die Sinne genommen.
Sprachlos steh ich da, Gefühle glühend heiß,
ich bin im Himmel angekommen.

Du, meine Frau, und das wird immer so bleiben.
Unendliche Liebe wir uns täglich schenken.
Niemand kann Keile zwischen uns treiben.
Wir sind wissend und werden uns selber lenken.

# Schulanfang

War da nicht gestern noch ein Teddybär,
wo heute dieser Ranzen steht,
und lernt man denn auch wirklich mehr,
wenn man so früh aus dem Hause geht.
Ach, warum kann man nicht schlafen, so lange man will,
jeden Tag auf dieser Bank und von vorn dieses Still.
Habt ihr den Kopf wieder zu Hause gelassen,
tönt es stets, wenn man mal wieder nichts weiß,
dabei könnt man jetzt baden gehen die Sonne
scheint so heiß.
Doch plötzlich ein Buch, das man lesen kann,
man kann rechnen und fängt Dinge zu verstehen an.
Viele Freunde und Neues erleben und lernen jeden Tag.
Es gibt Hunderte Tage, wo man all dies dann mag.

## Was man nicht hat

Wenn es auf uns Liebe regnet, sehnen wir uns
nach Einsamkeit.
Wenn wir zuhören sollen, geben wir Ratschläge.
Wenn wir satt sind, haben wir Appetit auf mehr.
Wenn es still ist, müssen wir reden.
Wenn es dunkel ist, behalten wir das Licht für uns.
Wenn wir reich an Dingen sind, wollen wir mehr.
Wenn wir alles haben, erfinden wir Neues.
Wenn wir einsam sind, sehnen wir uns nach Liebe.

## Warum

Täglich schlag ich die Zeitung auf,
immer öfter erfasst mich das Grauen,
dass immer mehr Menschen, die aussehen wie wir,
bei Kindern sich alles trau'n.
Schlägt in ihnen nicht auch so ein Herz wie bei mir,
fließt das Blut nicht durch Adern wie bei uns allen,
ich frag mich, was geht dann in ihnen vor,
warum locken sie Kinder in Fallen,
warum nehmen sie sich, was ihnen niemals gehört,
warum müssen sie Leben zerstören,
oder ist es, weil sie dabei niemand stört,
weil wir die stummen Schreie nicht hören.
Auch ihr schlagt täglich die Zeitung auf,
lest von dem Wahn unserer Zeit,
gesteuert vom Konsum und die Kinder gehen drauf,
Mord, Hunger und Qualen weit und breit.
Da werden Kinder zu Tode gequält,
vergewaltigt, verhungert, den Stolz aufgegeben,
die Richter, sie schweigen, das Gesetz auserwählt,
ein paar Jahre der Preis für ein Leben.
Ich hoffe wir wachen irgendwann auf,
begreifen, wohin wir treiben.
Kinder sind doch unser wichtigster Schatz
und das muss immer so bleiben.

## Text

„Dreiundsechzig Jahre waren wir verheiratet."
Eine kleine Träne bahnte sich den Weg durch ihr faltengegerbtes Gesicht. Verzweifelt saß sie auf der Treppe im Hausflur eine Etage unter uns. Oft hatte ich sie gesehen, wie sie mit vollen Einkaufstaschen immer noch die Treppe bis in den dritten Stock nach oben stieg. Oft fragte ich, ob ich helfen könne, doch sie lehnte stets ab mit den Worten: „Das muss man alleine schaffen. Es ist nicht immer jemand da, der einem hilft, dann muss man andere Wege suchen. Was man für sich will, muss man sich erarbeiten, muss man allein schaffen." Dann bedankte sie sich und versuchte weiter schnaufend das Ziel zu erreichen. Irgendwann wurden die Taschen kleiner. Irgendwann sah man sie nicht mehr so oft. Irgendwann stand das schwarze Auto vor dem Haus, man hatte ihn geholt, ihren geliebten Mann.
„Ich habe mich ausgeschlossen, noch nie ist mir das passiert. Ach, wenn doch mein Mann noch wäre, der wüsste, was zu tun ist."
„Steckt der Schlüssel von innen?". fragte ich.
„Ich kann es mit einer EC-Karte probieren, hab ich mal im Fernsehen gesehen."
Meine Versuche scheiterten kläglich und ich bot an, den Schlüsseldienst zu rufen. Ich lud sie zu mir auf einen Kaffee ein. Ein unfreundlich genervt wirkender Mann am Telefon sprach von ca. 3–4 Stunden, eher würde man es beim besten Willen nicht schaffen und wenn die Frau schon so alt ist, muss sie sich halt helfen lassen, er könne das nun auch nicht ändern und schließlich säßen die Monteure ja nicht im Gefrierschrank und er müsse sie nur auftauen.
Nun saß sie da verloren in meiner kleinen Küche und es war ihr sichtlich unangenehm. Man muss es allein schaffen, klangen die Worte in mir. Aber nun saß sie da und musste es geschehen lassen.
„Dreiundsechzig Jahre, was für eine Zeit. Bis zum letzten Atemzug haben wir uns geliebt."

„Unglaublich, warum gibt es das so selten. Man liebt sich, entliebt sich und doch ist doch ein Mensch immer derselbe. Aber so ist das wohl, die Zeit läuft schneller und schneller, vielleicht fehlt einfach die Zeit füreinander."
„Zeit? Glauben Sie wirklich, wir hatten damals mehr Zeit? Das Leben war doch viel komplizierter als heute, das ist es nicht. Wir waren immer ehrlich zueinander, haben auch gestritten, oh ja. Da ist der ein oder andere Teller zu Bruch gegangen. Aber danach haben wir beide etwas mitgenommen, es gab keinen Verlierer oder Gewinner. Wir haben uns abgekühlt und unsere Schlüsse daraus gezogen. Jeder von uns hat immer dazugelernt und dann konnten wir uns in die Augen schauen und haben das auch getan, so intensiv. Ich spüre das noch heute, jeden verdammten Tag. Wir haben nie aufgegeben, nie hätte einer von uns gesagt, ich geh, wir waren doch keine anderen als die, die sich ineinander verliebt hatten. Kein Blatt hat zwischen uns gepasst und nach außen haben wir uns verteidigt, niemand hätte etwas auf den anderen kommen lassen. Auch wenn einer von uns einmal danebenlag, das wurde später geklärt, unter uns. So waren wir unantastbar. Heute hat man den Eindruck, dass es Paare gibt, die nur darauf warten, den anderen bloßzustellen. Manche scharren eine ganze Armee hinter sich und die Voyeure ringsherum genießen und lassen geschehen, ehe sie in ihre eigene Wohlfühloase zurückkehren oder einfach zufriedener sind, weil es offensichtlich bei anderen noch schlechter läuft. Ich weiß nicht, warum sie das alle tun, könnte es doch so schön sein. Nur Liebe und gemeinsam schön und friedlich leben, warum ist das so schwer? Jeder glaubt heute, alles in die Öffentlichkeit tragen zu müssen, und immer wird sich jemand finden, der es noch besser weiß, noch schlauer ist. Jeder wird fantastische Tipps geben, auch dann, wenn er Situationen nie erlebt hat, nicht dabei war und auch nur die eine Seite kennt. Er wird den anderen nicht fragen und vielleicht so gar nicht wissen, um was es eigentlich geht. Den Ratschlag geben sie trotzdem und der Empfänger wird es so lange hören, bis er es selber glaubt. Ja und damit beginnt das Drama, oft endet es bitter, sehr bitter, oft leiden viele darunter, die es nie wollten, es

nicht beeinflussen können. Bei uns gab es all das nicht und wir waren glücklich damit und wären es noch heute. So könnte es auf der ganzen Welt sein, ist doch nichts anderes, redet miteinander, ohne euch einzumischen, hört auch dem anderen zu, ehe ihr ein Urteil fällt. Seid ehrlich, lasst den anderen sein, wie er will, akzeptiert den anderen, ihr müsst doch nicht am Abend zum Candle-Light-Dinner, ihr sollt doch nur miteinander umgehen, miteinander reden. Tut man das nicht, entstehen Gräben, oft werden sie schnell so breit, dass man sie nicht mehr überwinden kann. Oft sitzt der Stachel des Verrates, des Missverstehens so tief, dass er ein Leben lang schmerzen wird. Ein gelöschtes Feuer entfacht nur selten neu, ein Feuer, das man ohne Not schürt, gerät schnell außer Kontrolle und vernichtet alles. Die Zeiten werden nicht einfacher und eigentlich brauchen wir uns doch alle. Warum verstehen das so viele nicht, es könnte so einfach sein … könnte."

Verzweifelt suchte sie nach einem Taschentuch, den vor ihr stehenden Kaffee hatte sie nicht angerührt. Während sie ihre Taschen leerte, fiel etwas Hartes zu Boden.

„Da ist er ja, manchmal bin ich einfach zerstreut." Sie stand auf und begab sich zur Tür. Noch einmal drehte sie sich zu mir um. „Hören Sie zu und schauen Sie den Menschen in die Augen. Die verraten alles, Sie werden sehen. Achten Sie darauf. wer Sie, egal in welcher Situation, immer anlächelt, vielleicht bemerken Sie es. Ehrlichkeit kann man eigentlich leicht erkennen, bei Lügen ist das schwerer … Wo aber liegt da das Problem?"

Die Tür fiel ins Schloss und ich sagte dem Schlüsseldienst ab und erklärte kurz die Sachlage, während der Mann am anderen Ende der Strippe genervt murmelte, dass es gewisse Gebühren dennoch zu berechnen gilt, das koste ja alles. Ich sagte ihm, er solle die Rechnung an mich schicken und fand es schade, ihm nicht gerade in die Augen schauen zu können.

## Verschiedene Sprachen

Warum sprechen wir nicht eine Sprache,
wie einfach wär's auf der Welt.
Was ist denn nur so schwer daran,
dass einer zum anderen hält.

Warum kann man nicht mehr streiten,
ohne dass man verliert,
man wendet sich ab, ist man nicht Gewinner,
nie habe ich das kapiert.

Warum muss man sich bekriegen,
kann nicht in die Augen schauen.
Warum geht es immer ums Siegen,
immer weniger noch um Vertrauen.

Warum müssen schon immer die leiden,
die Gutes wollen für die Welt,
warum muss man Kummer bereiten,
nur weil etwas nicht gefällt.

Warum nur so viel Schweigen
und nicht das gesprochene Wort,
so wird sich doch niemals zeigen,
der einmalig friedliche Ort.

Warum zeigt man nicht öfter ein Lachen,
nur ehrlich sollte es sein,
dann wird man es richtig machen
und ist heute dennoch ziemlich allein.

## Schatten und Licht

Schatten und Licht dieses ewige Spiel,
wie sie gegeneinander die Messer wetzen,
nur wer diese bittere Kälte kennt,
weiß die Wärme auch wirklich zu schätzen.

Mal liegst du am Strand, die Sonne brennt heiß,
doch dies ewige Spiel der Gezeiten
treibt manchmal das Wasser dir bis zum Hals,
wird grundlos sorgenfrei Sorgen bereiten.

Dinge, die uns Respekt wohl lehren,
wohlwissend, dass diese passieren,
respektlos zu oft den Rücken wir kehren,
dann beginnt mühsames Reparieren.

Doch eine kleine Narbe bleibt stets zurück,
dies sollte man immer bedenken,
warum sich ausruhen in seinem Glück,
warum nicht stetig Richtung Sonne lenken.

Und irgendwann wird man Schatten werfen,
nur hinter sich dem Licht stets entgegen,
dieses ewige Spiel keine Rolle mehr spielt,
trockenen Fußes wird man sich bewegen.

Am Horizont glitzernde Wellen mannshoher Flut,
verführendes Gold soll als Warnung uns dienen,
entgegenzulaufen ist Dummheit, nicht Mut,
aus der Nähe sind Dinge nie, wie sie schienen.

Schatten und Licht, dieses ewige Spiel,
sie gehören zu wirklich jedem Leben,
abwägen von beiden, gib niemals zu viel,
nur etwas Liebe sollt man lebenslang geben.

## Wanderer Glück

Wenn der Ball ins Netz rollt, dreh die Zeit ich zurück,
all diese Jahre voller Hoffnung und Leid,
jedes Lachen des Erfolges bedeutet dieses Glück,
niemals lässt man es los, doch es braucht seine Zeit.

Das Glück, es schläft nicht, es kommt und muss weiter,
man darf diesen Moment nicht verpassen,
man muss wachsam sein, wenn er kommt, dieser Reiter,
denn manche hat er auch für immer verlassen.

Immer weiter, aber stetig nicht höher und schneller,
auf kleinen sensiblen Geschenken nicht ruh'n,
selbst nach dunkelster Nacht wird es irgendwann heller,
demütig muss man das Richtige tun.

Wachsam immer weiter, diese Steigung ist steil,
doch irgendwann kommt der Gipfel in Sicht,
es ist dieses Weges kleinerer Teil,
nur immer darauf achten, dass die Achse nicht bricht.

Viele Meter dieser Strecke hat man nun schon gewagt,
gelaufen wohlgemerkt, gerannt und gesprungen,
wenige hätte dies wohl vorausgesagt
und dennoch ist es bis hierher gelungen.

Weiter, immer weiter, der Weg ist das Ziel und das Glück,
noch unzählige Fallen und Stolpersteine,
doch senkt der Ball sich ins Netz, dreh die Zeit ich zurück,
wer sehend ist, versteht, was ich meine.

## Wenn die Worte verklingen

Wenn eines Tages meine Worte verklingen,
sollt ihr das Lied für mich weitersingen,
man gab wenig Liebe, nur selten Vertrauen,
hab selten geschwiegen, stets gesagt, was ich muss,
bin niemals vor irgendwas abgehauen,
ein Ende ist nicht immer der Schluss.

Doch heut, wenn ich sehe, wie jeder hier denkt,
hört mein Herz ganz langsam auf zu schlagen,
hab mit tausend Dingen mich abgelenkt,
euch widersprechen ist fast sinnlos zu wagen.
Ihr werdet sie greifen, die sich wehrende Hand,
dieser Hass wird noch reifen, bis die Heimat verbrannt.

Wo ist sie, die Liebe, die zu geben ihr glaubt,
wo euer Stolz, ein Versprechen zu halten,
täglich ihr andere deren Glauben beraubt,
was ihr das gewöhnliche Leben nennt,
nenne ich gewöhnlich verwalten.

Gesagt, was man will, ihr werdet es drehen,
was für euch laut erscheint, ist für mich still,
ihr verschließt fest die Türen, doch die Winde, sie wehen,
lass ich etwas liegen, so sagt ihr, ich will.

## Der Grieche

Wenn es überall dunkel ist, hier ist es hell,
diese Tür steht dir immer offen,
was haben wir hier schon für Pläne geschmiedet
oder manchmal auch einfach auf das Leben gesoffen.

Es ist dieser Ort voll Magie, hier wird alles gut,
schieb die Sorgen beiseite, lass uns noch einen trinken,
nach kürzester Zeit schöpft man hier neuen Mut,
Horizonte wieder silbern uns winken.

Es riecht nach Gebratenem, viel Liebe und Wein,
ein Hauch von Anis liegt in der Luft,
es gibt diese Tage, da muss ich hier sein,
etwas Freiheit, welch betörender Duft.

Ein Hauch von Ferne, man wünscht sich dahin,
der gute Geist hier wird in Minuten es schaffen,
nichts Böses hat man hier jemals im Sinn,
Gedanken nach Trübsal und Hass hier erschlaffen.

Der Gaumen, wie er jubelt, er kann es nicht fassen,
keiner Versuchung man hier widersteht,
Cheffe schafft es, die Sonne aus dem Samos zu lassen,
jeder hat sie im Herzen, wenn er nach Hause geht.

Noch einen Ouzo …, er weiß, du sagst Ja,
wenn es überall dunkel ist, hier brennt stets Licht,
die Liebe am Leben wird hier sonnenklar,
gastliche Geborgenheit, welch großes Gewicht.

## Schlaflos

Wenn man aufwacht und nicht mehr wieder schlafen kann,
wenn in jedem Raum sich alles dreht,
wenn in den Adern Blut zu kochen scheint,
wenn plötzlich alles wie von selber geht,
wenn der Magen wie ein großes schwarzes Loch erscheint,
wenn ein Kribbeln den Körper beben lässt,
wenn man plötzlich Dinge tut, für die man selten Mut gehabt,
wenn man einem alles sagt, was einen quält,
wenn die Welt umher nur noch ein bunter Schein,
wenn man jedem blumig alles erzählen muss,
wenn die Zukunft plötzlich golden uns erscheint,
wenn man tiefer fühlt als je zuvor,
dann muss es Liebe sein.

## Das blühende Land (Text)

Es war einmal vor langer Zeit ein blühendes Land. Rechtschaffene, arbeitsame Bauern machten es fruchtbar, hegten und pflegten es, zahlreiche Tüftler begannen, mit ihren Erfindungen die Arbeit leichter und lohnender zu machen, man baute eine Gesellschaft des friedlichen Gemeinsamen. Jeder bekam seine Chance und konnte, wenn er wollte, seine Religion in Frieden leben und das Land dankte es, indem es den Menschen ein gutes friedliches Leben und Wohlstand bescherte. Bis in ferne Länder sprach sich der so ganz besondere Reichtum dieses friedlichen Ortes herum. Eines Tages bekamen diese Menschen Besuch von einem reichen Kaufmann aus einem dieser fernen Länder. Er hatte von den vielen Erfindungen gehört und wohl auch davon, dass es hier Wunderdinge gäbe, mit denen man anderen seinen Willen aufzwingen kann. Diese Dinge sind nicht verkäuflich, antwortete man ihm, sie haben uns einst viel Unglück gebracht und jedem, der sie wieder berührt, dem solle die Hand abfallen. Der Kaufmann erschrak und war es aber zunächst zufrieden. Er fragte nach einer Herberge, seine Pferde sollten sich ausruhen und am kommenden Tag wolle er die beschwerliche Heimreise antreten. Als er am Abend im Gasthaus bei einem Krug mit kühlem Weine saß, setzte sich eine Gestalt an seinen Tisch und schlug ihm einen Handel vor. Er wolle ihm diese Wunderdinge verkaufen, nur müsse er diese in den Einzelteilen getarnt aus dem Lande bringen und später selbst zusammensetzen. Der Kaufmann willigte freudig erregt ein und versprach ihm Berge von Gold. Schnell wurden sie einig und die Gestalt verschwand in der Dunkelheit der Nacht. Am kommenden Morgen, als der Hahn krähte, war der Kaufmann bereits auf dem Weg. Auf seiner Kutsche waren viele kleine Reisekisten und die Pferde hatten schwer zu ziehen. Einige Zeit später im Land des Kaufmannes hatte man die Wunderdinge zusammengesetzt und es funktionierte, sie wurden Tag um Tag mächtiger und unterdrückten und quälten ihr nun hungerndes Volk. Doch jeder, den sie damit trafen, verwandelte sich augenblicklich in

Wasser. Anfangs konnten die Seen und Flüsse das immer mehr werdende Wasser noch aufnehmen, doch es kam unweigerlich der Tag, da trat es über die Ufer. In dem blühenden Land, aus dem diese Wunderdinge stammten, wunderte man sich anfangs über den plötzlichen Reichtum einiger, doch da es den meisten dennoch sehr gut ging, ließ man es geschehen. Eines Tages kam der Kaufmann wieder in das Land und berichtete von der Flut und dass die Menschen in seinem Lande nun Hunger leiden müssten. Man versprach zu helfen, hatte man doch nun Gold genug. Schnell begann man, Dämme und Staumauern zu bauen, um das Wasser zu bändigen. Aber auch mehr und mehr von den Wunderdingen gelangte in das weit entfernte Land und das Wasser stieg und stieg. Irgendwann brachen schließlich die Dämme und man konnte nichts mehr tun. Wild sprudelnd begannen wilde reißende Flüsse sich ihren Weg zu bahnen. Die Ländereien dazwischen begannen Gräben zu schaufeln, um die Fluten schnell und auf geradem Wege abzuleiten, um ihre Gebiete zu schützen, und so gelangte es in das Tal des einst blühenden Landes. Die Menschen standen zusammen und versuchten, den Fluten Herr zu werden. Wir schaffen das, waren sie sich sicher, während sie bereits bis zur Brust in den Fluten versanken. Sie holzten ihre Wälder ab, bauten immer größere und tiefere Seen, welche das Wasser aufnehmen konnten. Keiner achtete mehr auf ihre fruchtbare Natur, auf ihre Werte, welche sie über Jahrzehnte zu dem gemacht hatten, was sie heute waren. Es kam der Tag, da hatte diese Sintflut das einst blühende und friedliche Land in einen einzigen großen und tiefen See verwandelt. Die Besitzer der Wunderdinge hatten sich gerettet, teils an ferne verborgene Orte. Die rechtschaffenen Bauern, welche dieses Land erschaffen hatten, waren für immer verschwunden und in der Ferne erschienen die Silhouetten von Schiffen, Schiffen aus weit entfernten Ländern und die Legende sagt, sie besäßen Wunderdinge.

## Steter Fluss

Lauf immer weiter steter Fluss,
werde, wenn es sein muss, wilder,
tritt über die Ufer spül all das Geheuchel hinweg,
sie kennen aus bösen Träumen diese Bilder.

Wenn sie versuchen, Dämme zu bauen,
stemm dich gegen an mit all deiner Macht,
sie werden wie immer nur sich selber vertrauen,
stets die gleichen Fehler schier ohne Bedacht.

Sie werden ihre Armeen wecken,
mit Gewalt glauben sie alles zu lösen,
nur sollten sie sich dann gut verstecken,
wenn Sie hören der gewaltigen Fluten Tösen.

An den Quellen gibt man das Gift hinein,
es wird sich vermischen schier unsichtbar,
dies Wasser wird nicht zu unterscheiden sein,
wo immer es sich sammelt, bleibt nichts, wie es war.

Sie werden wieder Gräben graben,
um die Macht dieses Wassers zu spalten,
doch eine Flut wird sich nicht selbst verraten
und ohne Erbarmen dagegen halten.

Ich kann es schon hören, die Dämme, sie brechen,
diese Flut, wie sie spült alles Gewesene fort,
was sie heute verleugnen, kann sich morgen schon rächen,
eine Art Stunde null hier an diesem Ort.

Wie auf einem Schachbrett für jeden ein kleines Quadrat,
wohin man sich bewegt, bestimmt doch das Spiel,
über zu gehende Wege bekommt man ab und an Rat,
doch man ist nicht allein, darum nützt dies nicht viel.

Ist man gut, kann man die Schritte im Voraus sehen,
doch winzig kleine Dinge werden verändern den Raum,
und schon muss man andere Wege begehen,
nicht immer den leichtesten sollte man vertrau'n.

Das Spiel gewinnen, heißt auch Liebe geben,
Freundschaften pflegen und den Blick zum Nest zurück,
egal welcher Weg, man wird Gleiches erleben,
nur wenn man selbst sät, kann man auch ernten das Glück.

Doch jeder Schritt will gut bedacht sein,
niemals verlieren den Seitenblick,
zu schnell rennt man in einfache Fallen hinein,
schnell liegt man am Boden, kommt ins Spiel nicht zurück.

Ich kenne und liebe das Leben,
doch dieses Spiel, ich mochte es nie,
wollte niemals irgendwem den Gnadenstoß geben,
ich konnte stets auch leben mit einem Remis.

Remis heißt nicht, niemals gewinnen zu können,
doch halb so viel Wert hat dies, tut man's allein,
man sollte es auch jedem anderen gönnen,
nur so kann man immer ein Sieger sein.

So könnte ich ewig weiter faseln, schlau reden,
es kommt zu oft anders, als man es bedacht,
drum lasst uns für sich jeden einzelnen Tag leben,
lasst uns singen und feiern bis tief in die Nacht.

Tage kommen und Jahre vergehen,
erhebet das Glas, auf die Gesundheit stoßt an,
genießt alle die Zeit, solange wir uns sehen,
die Zeit bleibt nicht stehen und endet irgendwann.

## Gebrochene Flügel

Wie oft können Flügel brechen,
hab ich mich denn schon wieder in den Wolken verirrt,
führerlos beginne ich zu schweben,
was früher mein Verstand war, ist heute verwirrt.

Kann man denn ein ganzes Leben kämpfen,
um Strömung, einen Luftzug, etwas Wasser unterm Kiel,
irgendwann wird auch der stärkste Wille müde,
jedes Gramm Ballast, jeder Gegenwind zu viel.

Tagtäglich diesen hohen Berg erklimmen,
das Beste ist normal, kaum ein Fehler wird verzieh'n,
die Chance wird kleiner, dem Ganzen zu entrinnen,
etwas Freundlichkeit und Liebe wird nur kurze Zeit gelieh'n.

Verstand kann man nicht kaufen, Verständnis ist hier rar,
viele sehen nur sich selber noch in dieser unserer Welt,
Zusammenhalt, blindes Verstehen, wie es früher einmal war,
bedingungslose Treue, wenn man sich gegenseitig hält.

Da gibt es Streit, als wenn es um das Leben ginge,
und man vergisst dabei, was um uns rum passiert,
die Sensationen und diese wunderbaren Dinge,
die man uns täglich schenkt, kaum jemand davon
noch berührt.

Die Wunden, sie werden immer tiefer,
such täglich jemand, der sie heilen kann und will,
und ich flieg weiter, kann die Hoffnung nie aufgeben,
ich werd wohl nie verstehen und dennoch weiterleben.

## Lenkende Hände

Wieder ist ein weiteres Jahr vorbei.
Wunder passierten, ob groß oder klein,
wir waren unmerklich stets mit dabei,
werden immer ein Teil dieser Wunder sein.

Und wieder fanden wir all dies normal,
das ist das Leben, mal Schatten, mal Licht,
wieder schwammen wir mit in dem trägen Kanal,
doch die lenkende Hand, die sahen wir nicht.

Doch was ist normal, wenn man das Leben meint,
die Geburt oder gar das funktionierende Sein,
oder dass man plötzlich mit jemand vereint,
und wie man liebt und sagt, du bist mein.

Werden für Dinge bestraft und bekommen Geschenke,
täglich dies Leuchten, vielleicht ein guter Rat,
wie soll dies passieren, wenn es nicht einer lenkte,
man muss nur glauben, dann folgt auch die Tat.

Schon wieder vorbei ein weiteres Jahr,
die Wunder passierten, nicht immer konnten wir sehn.
Wir lebten und denken, wie es immer schon war,
doch wird es nie unser Weg sein, den wir geh'n.

## Wieder September

Wieder September, die große Zeit des Wandels,
das Grün der Blätter weicht farbenfroher Pracht,
zurückgelegt ein langer steiniger Weg des Handelns,
Hürden überwunden, Platz für neue Wege gemacht.

Geht etwas zu Ende, wird es ein Anfang sein,
diese endlose Schleife führt stetig leicht bergan,
man bringt tagtäglich das Gelebte ein,
nie bleibt man stehen, wo alles begann.

Den Gipfel dieses Berges zu erklimmen als Ziel,
geht man ihn weiter, diesen stets steinigen Pfad,
ihn für sich zu erkennen, bedeutet sehr viel,
denn oft stürzte ab, wer zu weit über ihn trat.

Dies Gipfelkreuz im Blick stets nach vorne wandern,
auch verweilen und staunen an den schönen Momenten,
nicht nur sich selbst sehn, sondern stets auch die andern,
dieser Weg muss nicht zwingend irgendwo enden.

Auch einmal den Umweg nach unten wählen,
durch Lüfte schweben mit dem Blick in das Tal,
dadurch wird man größer, kann Geschichten erzählen,
wird im Blick stets behalten, wo es begann einst einmal.

Wieder September, die große Zeit des Wandels,
das Grün der Blätter weicht farbenfroher Pracht,
gibt derer viele, dieser Wege des Handelns,
streb nicht blind nach oben, wähle stets mit Bedacht.

## Gefährten

Wir sind Gefährten, sind ein Liebespaar,
ich dein Mann, du meine Frau,
für mich ist nichts mehr, wie es früher war,
weil ich dir unendlich vertrau.

Jeden Morgen neben dir aufzuwachen,
deinen Atem weich zu spüren,
lässt verfliegen all die schlechten Sachen,
auf diese Art ein tägliches Verführen.

War sprachlos, als du in meinem Armen lagst,
welch eine wunderbare Zeit,
mir fehlten Worte, als du mir das Jawort gabst,
es regnete Glück nur weit und breit.

Ich rang nach Atem, als uns dieses Schicksal traf,
die Traurigkeit könnt nicht größer sein,
doch gemeinsam standen wir wieder auf,
wir stehen zusammen, sind nie mehr allein.

Doch was sag ich nun, wo du mir das Größte gibst,
das Glück, es holt uns wieder ein,
sprachlos nehme ich dieses Wunder an,
werd immer da für euch sein.

Wir, die Gefährten, dieses Liebespaar,
wir behalten unser Glück nicht allein,
so sie es wollen, stecken wir alle an,
um mit uns grenzenlos glücklich zu sein.

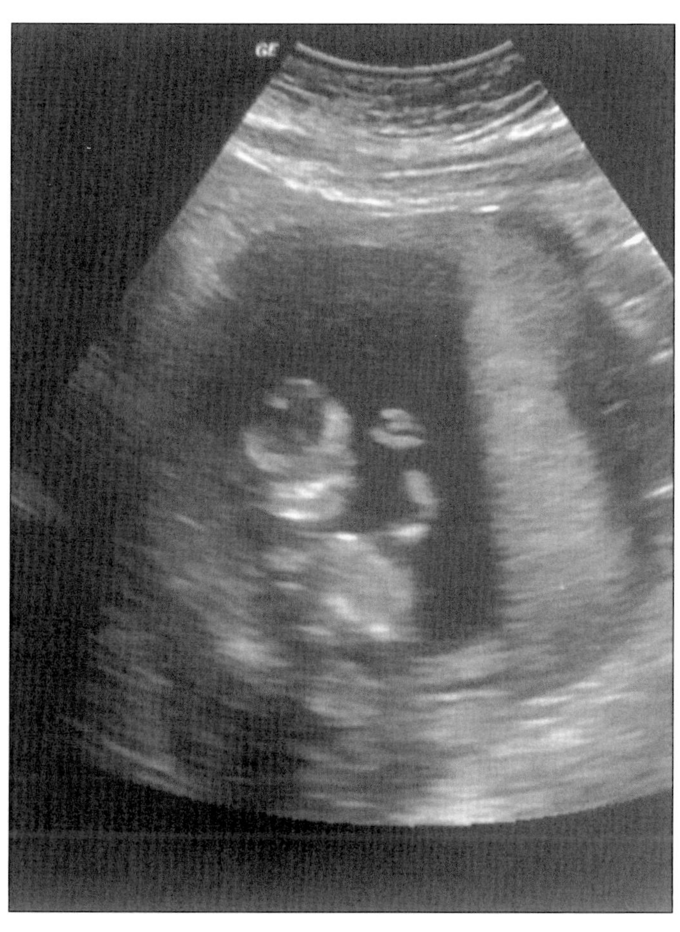

## Wunder verstehen

Da sind diese Wunder, die zu verstehen wir nicht taugen,
Wunder täglich kommen und auch geh'n,
es sind die Wunder, an die wir nur dran glauben,
wenn wir sie spürend mit eignen Augen sehn.

Diese Wunder lösen aus die kleinen Beben,
wenn man dies Wunder dann in den Armen hält,
Wunder entstehen durch Liebe und das Leben,
es gibt diese Wunder, der letzte Zweifel fällt.

Da sind Momente, die Zeit scheint still zu stehen,
da sind Minuten, da kann man Wunder sehn,
man wünscht der Tag, der dürft nie vergehen,
man kann sie fühlen, doch niemals wohl versteh'n.

Sie verfolgen die Liebenden im Leben,
wenn man die Liebe pflegt, dann holen sie uns ein,
darf nicht nur nehmen, sondern sollte täglich geben,
so wird man auch ein Teil dieser Wunder sein.

## Täglich

Würde noch immer täglich die Trauben dir schälen,
schenkte täglich einen Stern, von dir ausgesucht,
würde auf den Gipfel des Berges mich täglich quälen,
täglich auf ewig sichere Zukunft gebucht.

Würde die Liebe täglich neu erklären,
Vertrauen, wenn ich könnte, täglich meißeln in Stein,
auch wenn Unwegsamkeiten fast täglich queren,
so werde ich doch täglich der alte selbe sein.

Könnte noch immer täglich auf Händen dich tragen,
täglich wie ein Sack Federn, ganz ohne Last,
wird er schwerer, sollte man sich täglich fragen,
ob man täglich aufs Neue unendlich Vertrauen fasst.

Täglich beim Erwachen ein kleines Lachen,
dies Glück so zu fassen, täglich bei sich zu sein,
täglich wird man an diese Tage nichts Falsches mehr machen,
täglich mit diesem Lachen schläft man abends wieder ein.

Würde noch immer täglich für dich sterben,
schenkte täglich meine Liebe, nicht nur an manchem Tage,
wünschte, du könntest täglich dies Glück auch bemerken,
täglich wäre es die Antwort und niemals die Frage.

Täglicher Sonnenschein, auch wenn es regnet,
tägliche Wärme oder der Bogen voller Farbenpracht,
man wird spüren, wie man täglich sich neu begegnet,
täglich Neues, täglich neu, immer besser macht.

Würde noch immer täglich die Trauben dir schälen,
schenkte täglich einen Stern, von dir ausgesucht,
würde auf den Gipfel des Berges mich täglich quälen,
täglich auf ewig sichere Zukunft gebucht.

## Haus des Lebens

Aus der Dunkelheit hinein in das alte Haus,
am Anfang dieser sehr langen Straße,
im Foyer sah es plötzlich weiß und sauber aus,
grelles Licht, diese Kälte, ich schrie.

Da waren Schatten, die wärmten mich,
es waren Dinge, die wurden vertrauter,
da lief eine Musik, die kannte ich,
sie war nur ein Vielfaches lauter.

Einen Zaubertrank, den man mir reicht,
so süß und warm wie vertraut,
der Genuss, schwere Arbeit, ganz und gar nicht leicht,
so wurde für mich eine Treppe gebaut.

Weiter wandelnd wie in einem Traum,
die Stufen erklimmend Stück für Stück,
höher angekommen in einem bunten Raum,
die Luft roch nach Sonne und Glück.

Hier konnte man verweilen Tage, federleicht,
doch die Tür zum nächsten Raum stand offen,
Blicke offenbarten, dass dies Glück hier nicht reicht,
und ließ auf noch größeres hoffen.

Oh, dieser neue, schier unendliche Raum,
ein Ort voller Bücher und Wissen,
die Zeit, sie rann, zunächst merkte man's kaum,
nichts der zwei Räume wollte man missen.

Doch mit der Zeit drängten andere nach in den Raum.
Es ward stetig enger, die Luft wurde knapp,
die Treppe nach oben registrierte man kaum,
man nabelte sich Stück für Stück ab.

Weiter angekommen eine dicke Tür,
die schwer öffnend führte ins nächste Zimmer,
plötzlich musste man tun, um zu bekommen dafür,
Raum ohne Farbe, kann hier nicht bleiben für immer.

Von da an die Treppe hinaufgetrieben,
wer stehen bleibt, der wird überrollt,
wie oft gedacht, ach, wäre ich doch geblieben,
das Wesen des Hierseins hat uns eingeholt.

Endlose Flure mit unzähligen Türen,
die Entscheidung, Glück, Wissen oder Lotterie,
Keiner weiß, wie sie weiter uns führen,
nur stehen bleiben sollte man nie.

Es kommt der Tag, da ist man der Schatten,
der in den unteren Räumen jemandem Wärme gibt,
man darf zu Besuch zu dem, was wir hatten,
macht man es gut, so wird bunt man geliebt.

Täglich zurück in die Zimmer ohne Farbe,
am Abend zurück in die Farbenpracht,
jeder Abschied reißt eine tiefe Narbe,
die schnell verheilt, wenn man es richtig macht.

Wieder endlose Flure, auch sie werden uns folgen,
immer seltener schaut man zurück,
ein offenes Fenster, im Wind fliegende Blätter,
bedeuten sie Fluch, Segen oder gar Glück.

Wird man geliebt, so kann man Farben erkennen,
in den Räumen, welche man fast oben entdecken wird,
man verweilt, atmet tief, man muss nicht mehr rennen,
wenn man sich nicht in der Etage geirrt.

Hier oben im Haus wird es langsam still,
die Flure werden kleiner, dennoch endlose Türen,
hier kommt es darauf an, was man tat, kaum, was man will,
wohin sie im Einzelnen führen.

Sie können fast täglich neue Farben bringen,
durch stets offene Türen wird der Wind sie treiben,
jedoch wollte man all dies mit Macht erzwingen,
werden sie windstill verschlossen bleiben.

Dennoch eine Treppe wird noch nicht enden,
die müssen wir alle eines Tages bezwingen,
weiter oben wird wieder ein Licht uns blenden,
keiner kennt diesen Raum und was er wird uns bringen.

Vielleicht sind wir darin endlich alle gleich,
niemand, den interessiert unser Schatten.
Vielleicht entscheiden wir schon heute, ob arm oder reich,
vielleicht bekommen wir, ob gut oder schlecht,
jenes, was wir niemals hatten.

## Nomaden

Kann nicht mehr denken, das Herz ist mir so schwer,
eben noch im Himmel, nun gibt es ihn nicht mehr,
die her geträumten Sterne, verloschen all ihr Licht,
glaubte wieder an die Liebe, doch gab es sie hier wohl nicht.
All die gesagten Worte und Gesten sind verblasst,
ich will es noch nicht glauben, hab mich dafür gehasst,
Glück kann man wohl nicht halten, Nomaden müssen ziehen,
es war uns reich gegeben, doch leider nur geliehen.

Tage werden dunkel und Nächte bleiben hell,
was eben sorgsam langsam, plötzlich rasend schnell,
die Bilder sind verschwommen, sie fliegen nur vorbei,
was gestern von Bedeutung, scheint heute einerlei.
Die Sterne einst versprochen, ich war doch auf dem Weg,
doch wem will man sie schenken,
wenn der andre einfach geht,
ich werd sie dennoch holen, vergraben vor dem Haus,
sollte das Glück einst wiederkehren, hol ich sie wieder raus.

Vielleicht bin ich zu langsam, das Glück, es rennt zu schnell,
es ist längst überm höchsten Berg, eh ich die Falle stell,
ich konnte es nie halten, hab oft es schon gesehen,
ist hundert Mal gekommen, hundert Mal wollt’s
wieder gehen.
Überlege all die Fragen, welche ich mir morgen wieder stell,
und eh ich eingeschlafen, wird es draußen wieder hell,
ich glaub, ich werd verlieren, zieh morgen einfach weiter,
behutsam hole ich sie ein, die lange Himmelsleiter.

Nomaden müssen ziehen, eines Tages zieh ich mit,
vielleicht finde ich auf diesem Weg das einzig wahre Glück,
vielleicht führt der Weg gen Himmel, wo ich dann ewig bleib,
wer sollte mich vermissen, wem täte es denn leid.
Doch noch kann ich nicht gehen, hab Körner hier gesät,
die muss ich täglich gießen, dass meine Liebe weiterlebt,
die werden einst bezeugen das Glück, es muss nicht gehen,
doch nur wer dies im Inneren spürt, kann diese
Worte auch verstehen.

## Nach Irgendwo

In Gedanken nochmal die Straße entlang,
was gab es hier für Glück,
man ist tausend Schritte vorgefallen,
ab und an ging's auch zurück.

Unterwegs die Menschen, die da waren,
manchmal fingen sie dich auf,
an jeder Ecke standen auch Gefahren,
der ganz normale Lauf.

Immer weiter diese Straße,
denn niemals bleibt man stehen,
dieser Weg, der führt nach irgendwo,
nicht immer wird man sehen.

Tausendmal gerannt, gesprungen,
ab und zu auch mal geschlendert,
um den richtigen Abzweig stets gerungen,
Pläne auch schon mal geändert.

Ist man am Ende angekommen,
beginnt man, den Weg zurückzugehen,
alles wird anders wahrgenommen,
oft wird im Wege man stehen.

Ob das Ziel der Anfang ist,
vielleicht kann man dies sehen,
ob und was man dann vermisst,
im Irgendwo wird man verstehen.

## Der Güte entronnen

Ach, lauf doch einfach grad durch's Leben,
schau einfach weder rechts noch links,
heut soll es außer dir nichts geben,
auch andre sehen, ach, was bringt's.

Lass uns einfach feiern täglich,
um uns werfen all das Glück,
wer nicht mitkommt, einfach kläglich,
Blick nach vorne, nie zurück.

Lasst täglich uns befrei'n die Säue,
stetig lassen wir sie raus,
sich selber sehn, ist wahre Schläue,
betongegossenes Kartenhaus.

Lass die andren einfach jammern,
bescheißen dich nur um dein Glück,
schließt sie ein in ihren Kammern,
lasst die Vergangenheit zurück.

Was heißt denn hier schon wiedergeben,
selbst schuld, wenn ihr zu viel getan,
wir haben unser eigenes Leben,
ist schwer genug im eigenen Wahn.

Einfach gradeaus rein ins Leben,
welch Wonne nicht zu denken,
was kann es denn noch Schöneres geben,
als auf den Abgrund zuzulenken.

Merke dir, man fällt stets weich,
ist man der Güte erst entkommen,
wer fern von arm bleibt, der ist reich,
dem Himmel nah und doch entronnen.

## Abschied

Es ist der Tag nun gekommen,
an dem ich gehen muss.
Ihr habt mir sehr viel genommen,
es ist Euch jedoch nicht bewusst.

Ihr saht nur meine Fehler,
nur selten das Gute in mir,
ich versuchte es weiterzugeben,
nur zu selten gelang es mir.

Einem Teufel nicht entkommen,
gebe ich heut zum ersten Mal auf,
ich schätze, jetzt habt Ihr es alle gewusst
und haut auch heute noch mal drauf.

Trinkt sie aus, all die restlichen Flaschen,
trinkt heute einmal auf mein Wohl,
ich verspreche Euch fest,
wo ich hinkomme, werd ich an Euch denken,
doch mein Stamm ist innen nun hohl.

Noch sehe ich das Licht nicht kommen,
doch hoff ich, dass es wahrhaft so ist,
dann wäre ich der Welt entronnen,
die nicht mehr die meine ist.

Vergesst nie, dass ich Euch liebe,
jeder Streit tat mir so unendlich weh,
es war stets, als wenn ein Schwert an mir riebe,
wenn jemand sagte, ich geh.

Ich weiß, es ist schwer zu verstehen.
Ihr glaubtet, ich sah ja immer nur mich.
Eure Meinung kann ich heut nicht mehr drehen,
vielleicht war sie der tödliche Stich.

Da … ein dunkler und tiefblauer Tunnel,
am Ende ein grelles und weißes Licht,
meine Ängste ganz plötzlich verschwunden,
ich will mich doch halten, es gelingt einfach nicht.

Ich muss doch hier noch so vieles klären,
ich kann doch jetzt nicht so einfach geh'n,
Ihr … Ihr … müsst mir die Zeit noch gewähren,
sonst werdet Ihr niemals versteh'n.

Das Licht, es wird größer und größer,
es ist wie in einem Traum,
ich kann mich jetzt von oben sehen,
plötzlich es erlischt Zeit und Raum.

## Einfach weg (Text)

Und dann stieg er einfach in den Bus. Spontan hatte er diese beiden Tickets gekauft, er wollte allein sitzen, wollte nicht, dass ihn jemand ansprach. Die Wahrscheinlichkeit, dass dies passierte, war wohl eher ziemlich gering. Niemand der Menschen hier zeigte ein Lächeln, alle waren damit beschäftigt, schnellstmöglich ihren Platz zu finden, um sich umgehend wieder ihrem Smartphone widmen zu können. Die meisten trugen große Stofftaschen. Bei einigen schauten Geschenke heraus. Schließlich war es Weihnachten und die meisten dieser Menschen waren bei den Familien eingeladen und in Vorfreude auf endlose Völlerei und zahlreiche Gaben. Aber warum nur lächeln sie nicht, dachte er, während er sich so breit wie möglich machte, um eventuellen Fragen nach einem freien Platz vorzubeugen. Ihn hatte niemand eingeladen, auch diesmal nicht. Hatte er nicht alles für sie getan, über Jahrzehnte hatte er doch den Seinen dieses Fest stets zu einem Moment der Wärme werden lassen. Warum haben sie all dies vergessen, warum ist auch in ihrer Fröhlichkeit die Ehrlichkeit entwichen. Gestern dort an der Bahnunterführung hatte er dieses Mädchen stehen sehen, klein, hübsch und normal und dann dieses ehrliche Lachen. Nein, sie war nicht eine dieser Instagram-Einheitsfiguren, welche man beim ersten Blick kaum noch unterscheiden kann und deren Lächeln nur im Zusammenhang mit einem Selfie oder der Suche nach der perfekten Position auch ganz und gar nicht ehrlich rüberkommt. Sie stand da und ihre blonden Locken schienen zu vibrieren, während sie auf ihrem Handy irgendeine Nachricht vernahm. Sie strich mit ihrem Finger hastig über das Smartphone, ballte kurz ihre Faust und schien auf der Stelle vor Freude zu hüpfen. Man weiß es nicht, war es ein zugesagtes Date, waren es die Ergebnisse irgendeiner Prüfung, vielleicht einfach die Nachricht eines nahen Menschen, für den sie sich freute? Viel zu selten sah er sie noch, diese ehrliche Freude, die doch der wahre König im Leben eines jeden ist. Es war dieser eine kurze Moment, der ihn fesselte, welcher ihm diese Gänsehaut bescherte. Wann hast du dich das letzte Mal ehrlich freuen können, dachte er bei sich. Erinnerungen kamen auf, an die Weihnachtsabende in der warmen Stube, den Geruch nach Kerzenwachs, frischen Tannenzweigen, gemischt mit dem süßen Duft der ab diesem Tag nun endlich freigegeben selbst gebackenen Kekse. Selbstverständlich wusste man, wo diese Dosen versteckt waren, aber jetzt war es etwas anderes. Der verlockende Duft verlangte nach genau diesem Augenblick. Dann dieser große Korb, der vor dem von Kerzen erleuchteten Baume stand, prall gefüllt mit weihnachtlich verpackten Geschenken. Die Zeit bis zu diesem Augenblick schien schier still zu stehen und nie vergisst man die Freude, diesen ganz besonderen Moment, als langsam ein Päckchen nach dem anderen an den Empfänger überreicht wurde. War es die völlig überraschende Eins in Mathematik, welche ihm für den Rest des Tages eine Ritterrüstung anzulegen schien, die ihn unbesiegbar machte. Der Geburtstagstisch, welcher am Morgen nach dem Aufstehen auf ihn wartete und die Augen leuchten ließen. Der plötzlich menschenleere Platz an einem sonst ameisenhügelgleichen Ort, als er um ihre Hand anhielt und sie ja sagte. Die Hebamme, welche ihm die Schere in die Hand gab, und der Moment, als er dieses Kleine Wesen mit einem Schnitt endgültig ins Leben hinein trennte, in die Selbstständigkeit auf diese Welt entließ. Als er dieses kleine vor Kälte zitternde Wesen auf die kleine Waage legte, um es anschließend in den wärmenden Arm zu nehmen. All dies war lange her und die Freude, diese unsagbaren Glücksmomente schienen aus seinem Leben gewichen. Er schloss die Augen und hoffte, schnell einschlafen zu können, als dieses junge Mädchen sich auf den Platz neben ihm fallen ließ. Er stöhnte kurz auf und wollte gerade erklären, dass dies genau genommen sein Platz war und ... Doch dazu kam es nicht, da ein sichtlich erzürnter Busfahrer dem Neuankömmling erklären musste, dass sie vorn einsteigen müsse und ob sie überhaupt ein Ticket habe. Sie begann zu stammeln und mit feuchten Augen versuchte sie zu erklären, dass sie es wohl verloren habe aber dringend mit müsse, da ... Der Busfahrer unterbrach sie und erklärte, dass noch eine halbe Stunde Zeit sei es zu finden, ansonsten würde er ohne sie losfahren, und zwar pünktlich. Daraufhin widmete er sich wieder seinen Aufgaben in Form eines in Aluminiumfolie eingewickelten Sandwiches. Wieder kein Lächeln, dachte er. Er schaute auf und seine Blicke trafen sich mit denen des Mädchens.

„Du hast kein Ticket, oder?“, fragte er sie.

Das Mädchen schwieg und schaute nach unten.

„Weißt du, ich sitze hier in dem Bus und fahre irgendwo hin. Ich weiß nicht, was dort ist, kenne da niemanden und weiß nicht einmal, wo ich heute an diesem Weihnachtsabend übernachten werde. Das Einzige, was ich weiß, ist, dass es nirgends schmerzhafter sein kann als hier. Also was habe ich zu verlieren?“

Das Mädchen schaute zu ihm auf.

„Und du, wo wirst du heute Abend sein? Das heißt, falls du dein Ticket noch findest.“

„Keine Ahnung, ich will nur weg.“

„Dasselbe habe ich damals auch versucht, per Anhalter. Habe es bis Berlin geschafft. Ich wollte ans Meer. Es gibt diesen Spruch, dass es in Häfen noch Hoffnung gibt. Es regnete in Strömen und niemand nahm mich so noch mit. Ich wusste ja gar nicht, wo ich war, hatte kein Geld und wusste nicht, wo ich bleiben sollte. Ich setzte mich in eine Straßenbahn und fuhr die gesamte Nacht von einer Endstelle zur anderen. Der Fahrer verzichtete darauf, Fragen zu stellen und ließ mich glücklicherweise gewähren. So landete ich immer wieder dort, wo ich mit etwas Glück wieder mitgenommen würde. Aber es macht keinen Sinn, man kann Dingen nicht einfach entfliehen, sie werden dich immer wieder einholen, man muss sich ihnen stellen, sie aus der Welt schaffen, sonst kommst du ein Leben lang immer wieder an derselben Endstelle an.“

Sie begann zu erzählen, dass sie niemand liebte, obwohl sie stets glaubte, dass sie das Wichtigste in ihrem Leben war. Dann trennten sie sich und alles war anders, nichts als Streit und blank liegende Nerven. Man zog auseinander und wie eine Handelsware wurde sie hin und her geschickt, nirgends schien mehr ein wirkliches zu Hause zu sein, nirgends ein fester Hafen, der Hoffnung gab.

„Die Liebe ist merkwürdig“, sagte er, „man verliebt sich, man entliebt sich, irgendwann ist die Geschichte oft einfach erzählt. Ein hoch auf die Sandkastenlieben, welche ein Leben zusammenbleiben, ja auch das gibt es. Aber weißt du, dass wir Glück haben. Denk an diese Spinnen, die schwarze Witwe, da frisst das Weibchen das Männchen nach der Paarung einfach auf.“
Sie schaute zu ihm auf und ein kurzes Lächeln huschte über ihr Gesicht.
„Glaub mir, du wirst geliebt, mehr als du zu glauben wagst, manchmal kann man nicht anders und hasst sich dabei selbst, manchmal geht man einen Irrweg, weil man glaubt, der Rasen des Nachbarn ist grüner, manchmal glaubt man einfach, etwas zu verpassen. Wird man wach, ist es meistens zu spät, und oft ist der Stolz mächtiger als das schlechte Gewissen. Mal ist es der eine, mal der andere, mal sind es beide. Da kann einer allein nicht gegen ankommen, es wird passieren, egal was du tust oder wie du liebst. Mir ging es damals vor vielen Jahren genauso, von einem Moment auf den anderen schien mein Leben, mein scheinbar unzerstörbares Glück in Tausend Teile zu zerbrechen. All das Behütete wich einem rauen Ozean. Ich verlief mich in zahlreiche Richtungen, oft zog ich mich aus schlammigen Gruben, kaum etwas fassbares in der Hand, spülte mich eine Welle wieder zurück. Manchmal brannte es um mich herum lichterloh und doch verlor ich die Sonne nie aus den Augen, auch wenn es manchmal knapp war. Da war selten jemand, der half, und irgendwann gewöhnt man sich daran, irgendwann will man diese Hilfe nicht mehr, glaubt nicht mehr daran und übersieht dabei so manches. Aber das sollte man nicht wollen. Es bedeutet, allem und jeden zu misstrauen. Anstrengend auf Dauer, glaub mir. Egal wo du hingehst, es ist überall das gleiche Leben, welches du weiterleben musst. Man kann nicht vor dem Leben weglaufen, muss Verbündete suchen, die Möglichkeit schaffen, sich gegenseitig ein Stück weit tragen zu können.“
„Vor was läufst aber du weg?“, fragte sie.
„Wahrscheinlich vor dem Gleichen wie du, ich habe diese Verbündeten nie gefunden, nur dann, wenn es lief, oh ja, dann waren sie da. Als ich die Hilfe brauchte, verschwanden sie, suchten

nach Gründen, es sich leicht zu machen, und schlossen sich anderen an. Niemand fragte mehr, was du für all diejenigen getan und ja, auch geopfert hast, was sie für dich waren. Es zählt nur das Jetzt, auch an diesem Weihnachtstag. Sie sitzen in ihren warmen Stuben und haben vergessen, was war. Vielleicht denken sie noch in manch einem kleinen Moment daran und doch schafft man es, mit einfachen, irgendwann selbst glaubenden kleinen Unwahrheiten, ihr Gewissen zu reinigen. Irgendwann glaubt man an das, was man will, dass es ist, manchmal funktioniert das für immer, glauben sie, aber das wird es nicht. Jeder wird im Leben eines Tages das ernten, was er einst gesät, jeder wird es für sich erfahren, irgendwann."

Nachdenklich saß das Mädchen neben ihm. Der Fahrer des Busses schaute auf die Uhr und schaute bereits misstrauisch in ihre Richtung.

„Siehst du diese kleine Hütte da drüben mit den bunten Lichtern? Dort garantiere ich dir, gibt es den besten Kakao und die leckersten Flammkuchen der Stadt. Du hast die Wahl, ich schenke dir das Ticket, bleib in diesem Bus und lauf davon. Alternative wäre …", und er nickte mit dem Kopf Richtung der bunten Lichter. Sie zuckte mit den Schultern und begann ihn anzulächeln.

„Siehst du", sagte er. „Der König ist tot, der König, er lebe."

Der Fahrer startete mit einem vibrierenden Geräusch den Motor des inzwischen komplett gefüllten Busses, Türen zischten und schlossen sich. Nur ein Doppelsitz war leer geblieben, zwei Tickets lagen darauf.

## Der König

So hab ich das Lachen zu meinem König erkoren,
auch wenn man versuchte, dies Glück zu verjagen,
hab es bis heute niemals verloren,
solang mich noch diese Flügel tragen.

Flügel aus Wachs, der Sonne so nah,
auch wenn du es könntest, du willst nicht erkennen,
ehe du dich versiehst, ist der Halt nicht mehr da,
ein' sehenden Auges in den Abgrund rennen.

Aber nein, da gibt es etwas, was zu dir steht,
es ist immer nur dies eine selbe Leben
und auch wenn man denkt, dass nichts mehr geht,
wird es doch immer wieder einen Anfang geben.

Diesen König darf man nie verlieren
und wenn es auch kein Morgen gäbe,
die schlechteste Lösung ist resignieren,
der König ist tot, der König, er lebe.

## Keine Sekunde

Keine Sekunde bleibt das Leben stehen
und manchmal hilft ein Blick zurück,
um sicheren Fußes vorwärtszugehen
und nie zu gefährden das eigene Glück.

Irgendwann meint man, alles zu kennen,
all das, was für einen vorgesehen,
doch manchmal hilft da auch kein Rennen,
da zu viele Dinge über uns stehen.

Oft sind sie nicht für immer, diese Glücksmomente,
und während man schon in die Zukunft schaut,
kommt aus dem Nichts für manches das Ende,
man glaubte, es sei auf sicheren Steinen gebaut.

Da hilft es, zu sich selbst zu stehen,
nicht nur Visionen, die man sah,
vielleicht auch mal zu den Wurzeln gehen,
denn deren Kraft ist immer da.

Keine Sekunde bleibt es stehen, das Leben,
hält täglich etwas Neues bereit,
wird täglich neue Weisheiten geben,
mal Engel, mal Teufel, der ewige Streit.

## Das neue Leben

Plötzlich die Zeit zurückgedreht
in eine alte neue Zeit,
gespürt, dass immer noch etwas geht,
wenn man erst wieder dazu bereit.

Wie mit 18 auf dem Rücksitz lieben,
das Leben wieder neu entdecken,
Gefühle waren in uns geblieben,
man musste sie nur irgendwie wieder wecken.

Den Cut gemacht für ein neues Leben,
die letzte Patrone abgeschossen,
sie hatte sie mir in die Hand gegeben
und diesen Treffer einfach genossen.

Nun liegt es an uns, wie wir es bereiten
und ob wir es diesmal besser machen,
wenn Engel und Teufel wegen uns streiten,
bleibt uns nur ein ehrliches Lachen.

Vielleicht können wir es endlich beweisen,
dass es ehrliche Liebe auch für uns gibt,
lass uns zusammen in eine Zukunft reisen,
in der man sich achtet, verteidigt und liebt.

## Springen

Weißt du, was es bedeutet, zu küssen,
es ist nicht, wir könnten, sondern wir müssen,
endlose Tage, so lang ist das her,
war es jemals anders, kann mich erinnern nicht mehr,
was mir nun nur noch bleibt zu sagen:
Lass uns springen, es einfach wagen.
Die Wellen werden höher, es schäumt die Gicht,
wartet man zu lange, dann schafft man es nicht.

## Vom Helfen (Text)

Aus der geöffneten Tür des Treppenhauses drang lautes Gelächter. Orientierungslos hinkte der alte Mann die Straße entlang. Für diese Gegend eher ungewöhnlich, hatte es bereits Anfang Dezember etwas geschneit und er hinterließ schlurfende tiefe Spuren auf der pulvrigen Schneeschicht, welche die Straßen und Wege in ein strahlendes Weiß getaucht hatte. Zwei lachende Gestalten schwankten aus dem alten Haus, dessen Glanzzeit wohl schon ein paar Jahrzehnte zurücklag. Sie rempelten den alten Mann an, welcher daraufhin das Gleichgewicht verlor und in den Schnee fiel. Johlend klatschten sie ein, warfen eine leere Flasche gegen die Hauswand und zogen weiter, ohne ihn eines weiteren Blickes zu würdigen. Der alte Mann rappelte sich mühsam auf und versuchte, seinen in die Jahre gekommenen Mantel von Schmutz und Schnee zu befreien. Ein paar Schritte weiter war ein kleiner Laden mit noch hell erleuchteten Fenstern. Die elektronischen Geräte in der Auslage des Schaufensters zeugten von einer Welt, die er kaum noch verstand. Er versuchte, den Knauf an der Tür zu drehen, aber die Tür war verschlossen. Eine kaum wahrnehmbare Stimme von innen wies ihn darauf hin, dass man geschlossen habe und nun auch mal seinen verdienten Feierabend genießen möchte und ob er nicht lesen könne, die Öffnungszeiten stünden ja nun klar und deutlich schwarz auf weiß auf dem Schild an der Tür, er solle doch morgen wiederkommen. Irritiert schaute er sich um, es war sehr kalt geworden. Langsam lief er weiter und in ihm drehten sich die Gedanken wie in einer Spirale. Doch sie schienen nirgends anzukommen, er hatte die Orientierung verloren. Hastig lief ein junges Paar auf dem gegenüberliegenden Gehsteig vorbei. In jeder Hand hielten sie drei prall gefüllte, mit bunten Markennamen bedruckte Taschen. Der Mann winkte ihnen zu und versuchte, etwas zu rufen. Sie beachteten ihn nicht, tuschelten sich etwas zu, ohne weiter Notiz von ihm zu nehmen. In Gedanken wohl schon beim Auspacken registrierten sie nicht die Hausschuhe an seinen Füßen. „Kann ich Ihnen helfen?“, fragte eine kindliche

Stimme plötzlich hinter ihm. „Warum tragen sie Hausschuhe, ist das nicht viel zu kalt?“ Erschrocken und beschämt schaute der alte Mann an sich herab. „Ich weiß nicht“, erwiderte er kurz, „ich habe mich wohl etwas verlaufen.“ Das junge, vielleicht 11 Jahre alte Mädchen schaute sich Hilfe suchend um. Aus einem der oberen Stockwerke schaute eine Frau aus dem Fenster. „Können sie helfen?“, rief das Mädchen nach oben. „Ich habe meine eigenen Sorgen“, sagte die Frau und schloss das Fenster. Während das Mädchen überlegte, was zu tun sei, begann der alte Mann weiter zu schlurfen. „Halt, warten Sie, es ist zu kalt. Sie können doch so nicht weiter, wo wohnen Sie denn?“ „Das weiß ich nicht“, entgegnete er. „Haben Sie keine Familie?“ Er schwieg und setzte sich auf die kleine Treppe eines Hauseingangs. Das Licht einer Schaufensterwerbung schien ihn jetzt direkt an und brachte ein faltengegerbtes, von den Jahrzehnten gezeichnetes Gesicht zum Vorschein. Aus immer noch klaren blauen Augen, welche sicher auch schon schönere Momente als diesen erlebten, floss eine Träne, welche sich den Weg durch labyrinthartige Falten zu bahnen versuchte, um schließlich im Nirgendwo zu enden. Ein Ladenbesitzer von gegenüber verließ hastig sein Geschäft und verschloss die Tür. Quietschend und krachend ließ er eine gitterartige Jalousie herab. Ein großer Schlüsselbund verschwand in seiner Tasche und die Blinklichter beim Öffnen seines SUV's färbten die Straße in ein kurzes orangefarbenes Licht. „Hallo Sie, können Sie mir helfen, ich habe hier jemanden, der wohl dringend Hilfe benötigt.“ Der Ladenbesitzer schaute nicht einmal auf und versank mit einer abwinkenden Armbewegung rasch im Sitz seines Wagens. „Verdammt nochmal, helfen Sie uns doch wenigstens und rufen jemanden an!“ Mit Tränen vor Wut stampfte das Mädchen in den Schnee. Der kleine Stein, welchen sie dem Auto hinterherwarf, verfehlte sein Ziel nur knapp. Zusammengesunken saß der alte Mann immer noch auf der Treppe. Im schwachen Licht sah das Mädchen, wie seine alte Hose sich dunkel zu färben begann. Wie oft hatte sie augenrollend von ihrem Vater gehört, dass man sich mit nassen Klamotten in der Kälte schwer etwas „wegholen“ konnte. Vielleicht war es für genau diesen Augenblick gedacht, begann es in ihr zu arbeiten. Warum um alles in der Welt hilft niemand diesem Mann. Warum denkt jeder einfach nur an sich. Man muss doch jemanden schützen, der es selbst nicht mehr kann. So gemein kann diese Welt nicht sein, dachte sie. Die Fenster der Häuser waren hell erleuchtet, Weihnachtssterne blinkten und bunt funkelnde Kerzen zeugten von einer friedlichen und heilen Welt. Mit beiden Händen drückte sie alle Klingeln des Hauseinganges. „Verpisst euch, ihr betrunkenes Pack“, schrie eine Stimme aus den unteren Etagen, „ich rufe gleich die Polizei“, eine andere. Blind vor Wut rannte das Mädchen auf die kleine Baustelle auf der anderen Straßenseite und kam mit einem Pflasterstein in den Händen zurück. Der alte Mann schaute dem Mädchen verwundert hinterher. Ohne weiter zu überlegen, warf sie ihn in die Seitenscheibe eines direkt vor dem Haus parkenden Autos. Eine ohrenbetäubende Sirene durchbrach die Stille, während das Auto wild blinkend um Hilfe zu schreien schien. Es vergingen nur wenige Sekunden, bis ein um Fassung ringender Mann aus selbigem Haus auf die Straße gerannt kam. „Ich dachte, Sie hatten das Klingeln nicht gehört“, meinte das Mädchen, während sie eine schallende Ohrfeige traf. Schnell mischte sich das orangefarbene Blinken mit einem satten Blau. Heftiges Stimmengewirr und viele Menschen belebten innerhalb von Minuten Straße und Weg. Als der alte Mann in einen Rettungswagen geführt wurde, hielt er kurz inne und lächelte dem Mädchen zu. „Hör niemals damit auf, so zu sein … bitte“, flüsterte er ihr noch zu und strich ihr sanft über die Schulter. Dann schlossen sich mit einem lauten Knall hinter ihm die Türen. Es hatte wieder zu schneien begonnen, es war wieder kälter geworden in der Stadt.

# Dinge sehen

Andere Dinge übersehen,
die eigenen nicht.
Keine steinigen Wege gehen,
wenn man dafür nichts verspricht.
Vergessen zu denken,
auch an spätere Tage.
Misstrauen nur schenken,
nicht die Antwort zur Frage.
Freiheit verlangen,
nichts dafür geben.
In Selbstsucht verfangen,
ist dies das Leben?

## Meinem Kind

Du bist aus ganz besonderem Holz,
so wie du bist, das macht mich stolz.
Schülerin, Tänzerin, Elternversteher,
ist etwas weit weg, mit dir kommt es näher.

Deine Aufrichtigkeit, unbändiger Mut,
dies zu erleben, es tut einfach gut.
Es gibt selten ein Ich, doch sehr wohl ein Wir,
du bist ein ganz großer Teil von mir.

Irgendwer hat dich auserkoren,
hab mir es täglich gewünscht, bevor du geboren.
Ich sehe dich noch tanzen um diesen Tisch,
auf dem Boden rumzappeln wie ein bunter Fisch.

Nun steht ein Teenager hier vor mir
voller Liebe wie dies Bild dort über dem Klavier,
voller Ideen und dem Schalk im Nacken,
jede Gelegenheit beim Schopfe packen.
Du glaubst nicht, wie warm es ums Herz mir ist,
versprich mir nur eins, dass du bleibst, wie du bist.

## Der Bleistift

Ein aufgeschlagenes Buch aus Leder,
Seiten aus Papier, ein Blick zurück,
manchmal viele Jahre später,
Erinnerungen, des Weges kleines Stück.

Manch Glücksmoment einfach aufgeschrieben,
der Bleistift schreibt stets wahre Geschichten,
so die Erinnerungen blieben,
später kann man ehrlich darüber berichten.

Aufgeschrieben in dem Moment,
später befremdlich manch ein Wort,
Dinge, welche oft nur selber man kennt,
ein Leben bewegt sich immerfort.

Manchmal auch Erinnerungen,
welche man im Hoch vergisst,
und vielleicht mit anderen Gedanken
plötzlich gar nicht mehr vermisst.

Wenn wir vom anderen Honig aßen
und ganz oft, wenn wir weiterziehen,
wir manch eine Wahrheit einfach vergaßen,
jeder Moment ist nur geliehen.

Das Gras des Nachbarn stets strahlend grün.
Doch steht man dort, stellt man oft fest,
während das eigene verdorrt,
ist doch wenig anders als der Rest.

Eine Seite voller Liebe,
die andere verzweifelte Wut,
doch dem Guten was da bliebe,
tun die Erinnerungen gut.

Denn da sind auch noch Menschenseelen,
die irgendwann nicht mehr wichtig sind,
Dinge, die plötzlich nicht mehr fehlen,
hat man sie doch geliebt als Kind.

Der Bleistift hat es aufgeschrieben,
besondere Menschen, die man nur einmal sah,
Erinnerungen sind geblieben,
auch für die, welche immer waren da.

Was man zurücklässt, nicht mehr pflegt,
der Bleistift hält auch dieses fest,
und wenn es nicht mehr in einem lebt,
so bleibt davon doch ein kleiner Rest.

Der Bleistift, dieses Buch aus Leder,
die schwarze Schrift, ein Blick zurück,
manchmal viele Jahre später
findet man etwas verlorenes Glück.

## Gegen das Vergessen

Denken wir an jene, wie sie waren,
wie wir sie kannten in all den Jahren.
Dieses Mal können wir nicht mit ihnen mit,
doch sind sie uns nur voraus einen kleinen Schritt.
Jene waren stets bereit zum Geben,
Gedenken und danken wir heut dem Leben,
kommen sie vielleicht auch nie zurück,
so bestimmen sie unsere Gedanken ein kleines Stück.
Jene gehen von uns, haben alles gegeben,
genau dafür müssen wir weiterleben.
Geht nun diesen Weg auf die andere Seite.
Schaut ab und zu auf uns herab aus dieser Weite.
Denn wer glaubt, der Tod sei das Ende, der irrt,
denn so ist es nur, wenn man vergessen wird.

## Im Nebel

Glaube, Liebe und Träume, oft verschluckt von der Zeit,
vergessen, für was man einst lebte, im grauen
Nebel versunken,
anderes, oft grelles Licht hält seltsame Schatten bereit,
verzerrt und verschwommen, nicht real, nur sinnestrunken.

Manchmal lichtet des Nebels verdunkelnder Vorhang,
grell und geblendet von einem Licht kann man nichts sehen,
schließt man die Augen, spürt man der
schillernden Farben Gesang,
bunt, trügerisch, verlockend muss man entgegengehen.

Doch wird es wärmer, werden die bunten Farben verblassen,
was einst war der Nebel, entschwindet in die Sphäre,
klarer wird man sehen, was man für einen Schein verlassen,
beginnt wieder zu denken, was war und was wäre.

Viel zu oft wird man sich in diesen Nebeln verlaufen,
wird die schönsten Dinge sehen, die nach einem greifen,
viel zu oft werden die Falschen die Karten verkaufen
und die Wege Labyrinthe, nie zurückkehrende Schleifen.

Sehr viel Liebe und Träume, verschluckt von der Zeit,
der Glaube stellt die Steine zur undurchdringlichen Wand,
doch der Tag wird kommen, wo die Entfernung zu weit,
beschwerlicher Weg, hat man erst die Wahrheit erkannt.

Nichtwissend, viel zu oft gibt man auf und bleibt in dem Leben,
vergessen, was man empfing, vielleicht den
einfachen Blick zurück,
die Zeit wird andere neue Träume in endlosen
Jahren dafür geben,
manchmal zeigen sie Glaube und Liebe und
ein verlorenes Glück.

# Du fehlst

Vielleicht war es ja nur ein einziges Wort,
welches dich verbannte hier an diesen Ort.
Steter Tropfen kann härteste Steine brechen,
bei einem einzigen letzten wird sich dies rächen.
Vielleicht hättest du die Tipps können geben,
so verhindert tausend Fehler in meinem Leben,
langsam verstreuen wir uns in der Welt,
wie bräuchten wir dich, die alles zusammenhält.
Deine geliebten Blumen, vielleicht kannst du sie sehen,
und des Nachts zu den duftenden Blüten hier gehen.
Jedes dieser bunten Blätter sollen dir nun zeigen,
wie wir uns noch heute vor dir verneigen.
Nun hoffen wir, es geht dir recht gut da oben,
denn so und nicht anders muss es nun sein.
Genieß deine Wolke und wenn du ihn triffst,
leg vielleicht mal ein gutes Wort für uns ein.

## Erinnerungen

Geht man in Erinnerungen zurück,
kramt ganz tief in alten Kisten,
findet man so manch vergessenes Glück,
welches viele ein Leben vermissten.
Etwas Demut und das Leben lieben
sind Freunde und die besten Begleiter,
darauf achten, dass stets etwas hängen geblieben,
und dann gibt man es einfach weiter.
So kann man gut leben und in jedes Auge schauen,
kann schlafen in einfach jeder Nacht,
man muss nicht die größten Schlösser bauen
und hat dennoch alles richtig gemacht.

## Vom Vermissen

Die Tage, wenn du nicht bei mir bist,
weiß ich, was ich am meisten vermisst,
es ist dann, als ob ein Teil von mir fehlt,
Liebe und Zusammenhalt ist es doch, was zählt.

Nun heißt es wieder, die Tage zählen
und sich alleine durchs Leben quälen,
doch geht ja auch diese Zeit vorbei
und tief im Herzen sind wir doch immer zwei.

Schon hör ich es wieder, unser gemeinsames Lachen,
und sehe, wie wir den größten Blödsinn machen.
Die Hand an der Kette und warm wird es ums Herz,
dieses Gefühl, es trotzt einfach jedem Schmerz.

Wir gehören zusammen und werden es bleiben,
die Liebe wird all die bösen Geister vertreiben.
Die Kobolde in unseren Taschen wachen
und dagegen kann niemand etwas machen.

Jetzt soll die Zeit nur einfach vergehen,
dass wir uns ganz schnell wiedersehen.

## Einem besonderen Menschen

Diese kleine Person, größer kann man nicht sein,
aus dem Nichts aufgetaucht im rechten Augenblick,
weiß, was sie will, doch das Herz bleibt stets rein,
meines geht auf, denk ich all die Zeit zurück.

Etwas Besonderes, was zu finden es gilt,
Worte können Schwerter und Honig sein,
um sich herum doch ein verletzliches Schild,
verkörperter Versuch vom Gewöhnlich zu befrei'n.

Ach, gäbe es doch mehr von diesen Geschenken,
was gäbe ich drum, dass dies jeder versteht.
Jemand, der steuert, sich nicht nur lässt lenken.
Jemand, der erzwingt, dass immer was geht.

Glücklich, zu normal, um normal zu sein.
Möglichst nicht schwimmend mit der Herde,
würfe tausend Mandalas in dies Leben hinein,
auf dass dies niemals anders werde.

Diese kleine Person, ich kann es nicht fassen,
doch größer als die meisten, ohne zu übertreiben.
Man muss manchem Wunder den Lauf nur lassen,
dann kann dies Glück bei so jemand bleiben.

## Zeit vergeht

Ist wirklich schon so viel Zeit vergangen,
vorsichtig sie dich in meine Arme legten,
das Leben hatte neu angefangen,
Momente, welche die Seele bewegten.

Was hab ich gebetet, gehofft und geschworen,
hätte wohl alles für dein Heil gegeben,
habe nichts von dem Gespürten jemals verloren,
werd, so lang ich kann, beschützen dein Leben.

Stehen auch Wolken am Himmelszelt,
versuch sie ja schon zu vertreiben,
sie ist nicht immer nur gut, unsere Welt,
doch die Liebe wird immer dieselbe bleiben.

Steh fest in der Welt, hast vieles noch vor
und niemand kann dich daran hindern,
irgendwann regnet es Gold von dem Tor,
Schmerzen kann mit Liebe man lindern.

Ist wirklich schon so viel Zeit verronnen,
zweistellig deine Zahl da jetzt steht,
wenn eines vorbei ist, hat schon Neues begonnen,
greif zu, pack es an, weil immer was geht.

Was kann ich noch sagen an so einem Tag,
werd, wenn du mich brauchst, immer bei dir sein,
bekommst auf alles eine Antwort, also frag,
ich verspreche es dir, lass dich niemals allein.

## Sprechende Augen

Lass sie aus Syrien sein, Deutschland, Iran.
Keiner von denen, der uns je was getan.
Schaut sie euch an, die Gang der Klasse b,
die nicht zu mögen, tut schon fast weh.

Schau in diese Augen, ist dir's nicht einerlei.
Versuch zu verstehen, dann sind wir schon zwei.
Die Herzen, sie lachen, das Auge, es strahlt,
dieser Moment wie vom Künstler gemalt.

Voller Liebe und Achtung, den Sand in den Haaren,
manchmal fehlt es mir, wie wir einst waren,
und haben sie euch auch zur Weißglut gebracht,
hieltet ihr dies aus, habt ihr es richtig gemacht.

Schaut auf diese Kinder und lasst es uns wollen,
vor jeder dieser Seelen Respekt soll man zollen.
Sie schenken ehrliches Lächeln, ein fürstlicher Lohn.
Habt Respekt vor jeder Tochter, jedem Sohn.

Wir müssen es sein, die von diesen Augen lernen,
dann werden wir uns nicht noch weiter entfernen.
Denkt auch an die anderen Kulturen,
an das, was wir für unsere eigenen Kinder schwuren.

Man muss tief in die Herzen der Kinder sehen,
um sie immer und richtig zu verstehen,
doch dann erfährt man das große Glück
und bekommt es tausendfach zurück.

Mit dem Gefühl der Fingerspitzen
sollten wir sie stets betrachten,
zu viele heute abseits sitzen,
mit denen sie das nicht so machten.

Fehler werden und müssen sie tun
und doch sind sie es, die uns lehren das Leben,
darum sollten wir niemals ruh'n
und ihnen nichts als Liebe geben.

## Was ich noch tun muss

Was ich nie tun werde, ist die Liebe mit Füßen treten,
da ich weiß, wie selten und wertvoll sie ist,
ganz im Gegenteil werd ich immer für sie beten,
hab ich sie doch im Leben meist vermisst.

Was ich noch tun muss,
ist die Welt in Ordnung bringen,
wieder schwimmen gegen den Strom,
die Heiligen zum Glauben zwingen
und Dinge dazu führen, dass es lohnt.

Was ich noch tun muss, ist, was Recht ist, zeigen,
Lieder singen, wo es das Böse gibt,
bis die Waagen sich zum Guten neigen
anstatt zu hassen, sich man einfach liebt.

Was ich noch tun muss, ist die Liebe finden,
länger als nur einen Augenblick,
konnte sie niemals an mich binden,
hab viel gegeben und wollt es nie zurück.

Was ich noch tun muss, ist das Leben verstehen,
warum, was Recht ist, oft verborgen bleibt,
warum die Guten stets als erste gehen,
den Falschen man oft diesen Reichtum zeigt.

Was ich noch tun muss, ist den Frieden finden
in dieser eiseskalten Welt,
einen einfachen Menschen an mich binden,
der, ohne zu fragen, stets zu mir hält.

Doch was ich weiter tue, ist Liebe geben,
immer und ehrlich, doch auf meine Art,
drum erkennen es die wenigsten im Leben,
weil man sich das Zurückschauen spart.

Was ich noch tun muss, ist den Mund aufmachen,
aufstehen, schreien, wild tanzend im Raum,
die stets Wissenden werden mitleidig lachen,
doch verlangt man eine Meinung, so hört man sie kaum.

Was ich noch tun muss, ist die Melodie zu finden,
Herzen einfach höherschlagen lassen,
Noten für genau diesen Augenblick,
und dass die lieben, die sonst hassen.

Was ich noch tun muss, ist die Nadel entdecken,
die sich im Heuhaufen verbirgt
manch Dinge sich vor uns verstecken
oftmals bis eine Hoffnung stirbt

Was ich noch tun muss, ist irgendwann zu gehen.
Vielleicht bleibt ein Schatten an irgendeiner Wand,
es ist doch egal, was die anderen sehen,
nur wer ihn entdeckt, hat mich wirklich gekannt.

## Was wir noch tun können

Was wir noch tun können, ist nun Demut zu zeigen,
die Zeichen von Mutter Erde zu verstehen,
zu hoffen, dass Dinge sich wieder anders neigen
und wir nicht alle zu früh gehen.

Was wir noch tun können, ist auf den Boten zu hören,
der uns eine einfache Nachricht bringt,
wir ließen uns bei unserem Tun nie stören,
nun manch einer mit dem Leben ringt.

Was wir noch tun können, ist auf die Bremse zu treten,
Bescheidenheit ist das Zauberwort,
tun wir das nicht, hilft uns auch kein Beten,
dann ist dies hier nicht mehr unser Ort.

## Was man wünschen kann

Was wünscht man der, die dich gebar,
unter Schmerzen an das Licht gebracht.
Sie war es auch, die immer bei dir war,
als Fieber dich umschloss in der Nacht.

Egal, was anstand, sich nie geschont,
und Essen stand stets auf dem Tisch,
oft zu wenig gedankt, man war es gewohnt,
an das Wie zu denken, vergaß man an sich.

Der schwere Einkauf, getragen im Netz,
achten darauf, dass es immer was gab,
sparsam sein, unumgängliches Gesetz,
wie all dies geschafft, nimmt sie einst mit ins Grab.

Und da blieb auch genügend Zeit für die Liebe,
Zeit für immer einen guten Rat.
Ach, wünsche ich mir, dass für immer sie bliebe,
viel zu selten man etwas nur für sie tat.

Was kann man heut wünschen nach all den Zeiten,
vielleicht viel Gesundheit und etwas vom Glück,
besser tun als wünschen, selbst Freude bereiten
und all die Liebe ihr geben zurück.

## Nebel

Die Sonne dort hinter den Wolken,
von deren dichten Nebel umhüllt,
der Versuch, diese Kühle zu wärmen,
leere Gefäße mit Tropfen befüllt.

Und plötzlich da etwas Vertrautes,
so wie ein alter längst begrabener Traum,
Strahlen sich den Weg suchend treffen,
etwas Licht erfüllt flutend den Raum.

Die Federn noch nass von dem Dunkel,
beginnend erfüllender Flügelschlag,
begehrend nach Wärme greifend,
als wäre es der letzte Tag.

Fast vergessen, diese Momente,
wenn ein Herz noch für etwas schlägt,
wärmende wohltuende Hände
und nicht die an deinem Ast sägt.

Sollte es das alles noch geben,
noch ist der Nebel sehr dicht
und doch es gehört zu dem Leben,
dass man diese Strahlen bricht.

So werden sie sich verteilen,
gefangen eine Seele im Licht,
ach, könnten sie doch lange verweilen,
damit diese nie wieder bricht.

Langsam beginnt der Nebel zu steigen,
gibt das strahlende Wunder frei,
geschehen lassen, dann wird es sich zeigen,
ob es das lang Vermisste sei.

## Der Moment

Der Moment, als ich davon erfuhr,
löste in mir etwas aus,
es war nicht der Tag aller Tage,
irgendetwas musste heraus.

Für mich schien die Welt stillzustehen,
andere nahmen es zur Kenntnis nur,
warum musste das geschehen,
dachte ich, als ich davon erfuhr.

Plötzlich diese Vertrautheit,
es war doch schon Jahre her
und dennoch war alles geblieben
und wog nun unsagbar schwer.

Woher plötzlich die Gefühle
im Moment, als ich davon erfuhr,
wäre fast sofort losgelaufen,
als gäbe es da einen Schwur.

Wie in Zeitlupe dieser Moment,
was war in der Zeit davor geschehen,
auch wenn die Uhr noch so schnell rennt,
warum habe ich das nie gesehen.

Aus dem Nichts eine neue Nähe,
einfach kleine Zeichen nur,
vielleicht eine Liebe, ich gestehe,
in dem Moment, als ich davon erfuhr.

## Der Weg

Er liegt vor uns, ist voller Steine,
Zweigungen, Biegungen allerweil.
Wir müssen ihn gehen, ohne zu zögern,
Tageslicht durch die dichten Bäume dringt.
Er ist das Ziel, mal Licht, mal Schatten,
versuche zu springen von Strahl zu Strahl.
Es wird nie gelingen, ihn immer zu treffen.
Doch auch Schatten kann heilsam sein.
Kann ihn nicht umgehen, würde mich verirren,
drum bleib ich auf ihm alle Zeit,
werd schöne Dinge bauen aus all den Steinen,
wie es einst schon der Dichter riet.
Es ragen heraus auch zahlreiche Wurzeln,
manchmal fall ich, doch ich steh wieder auf,
will doch das Ziel noch lang nicht sehen,
lass mir Zeit und genieße das Sein.
Noch liegt er vor mir mit all seinen Steinen,
gehe ihn voller Demut, hab aus Fehlern gelernt,
werde meine Marken ab und an setzten,
dass etwas bleibt, für dass ich ihn gegangen.

## Dass es die Liebe noch gibt

Die Sterne sind untergegangen,
die Sonne sieht man nicht mehr,
in einem Wirbel gefangen,
im Inneren alles so leer.

Hat doch an die Wunder geglaubt
und dass es die Liebe noch gibt,
wurde dieser Hoffnung beraubt,
verraten nur, anstatt geliebt.

Eine Schuld einfach weitergegeben,
sich selber haben sie rein radiert,
wie kann man nur damit leben,
weil einfach nichts passiert.

Der anderen Ohren bleiben verschlossen,
der Radar einfach abgestellt,
Erinnerungen in Blei eingegossen,
nichts mehr, das eine Wahrheit erhellt.

Den einfachen Weg genommen,
den falschen Worten geglaubt,
so hat manches Ende begonnen,
so manche Seele geraubt.

Es waren doch immer die Deinen,
gestorben wärst du für alle,
untragbar, was sie meinen,
und langsam schließt sich die Falle.

Wo war der verpasste Moment,
wann lief sie ab, die Zeit,
es ist schwer, wenn man nur rennt,
für die anderen zu allem bereit.

Doch in ihm die Liebe wird leben,
sei es auch schwer in der Nacht,
noch kann er sie weitergeben,
wie er es schon immer gemacht.

Und ihr könnt noch so rennen,
irgendwann holt es euch ein,
man wird eure Schuld nicht benennen
und dennoch wird gerichtet sein.

Auch ihr werdet es nicht verstehen,
werdet hadern mit eurem Glück,
die Schuld wieder bei anderen sehen
und dennoch gibt es kein zurück.

## Herbst

Goldenes Licht durch die Zweige dringt,
Laub in unfassbare Farben getaucht,
für deren Wirbeln sorgt ein Wind,
welcher den Herbst durch die Lande haucht.
Trauer über vergangene Schönheit der Wiesen,
Freude über das alte Neue, das kommen mag.
Lasst uns das Kommende genießen,
nicht weinen um den vergangenen Tag.
Lasst jede Zeit in der Schönheit versinken,
die wohl wechselt, doch nicht minder bunter,
lasst die Sinne sich an dem Schauspiel betrinken,
immer wieder ein neues wunderbares Wunder.

## Ein Liebesbrief

Allein für dich schreib ich diese Zeilen,
nur für dich sind diese Worte gedacht,
da, wo du bist, möchte ich verweilen,
frag mich, wie hab ich das bisher gemacht.
Irgendwie brauch ich sie, deine Nähe,
vielleicht war es das, was mir immer gefehlt,
ich glaube daran, was auch immer geschehe,
es ist, als wenn jemand die Trauben mir schält.
Danke für den Mut, es zu gestehen,
vielleicht war ich zu blind, es kommen zu sehen,
verrückte Dinge im Leben geschehen,
lass uns versuchen im Gleichschritt zu gehen.
Genug Zeit noch bleibt in unserem Leben,
zu viel ist bis heute liegen geblieben,
lass uns einander das Größte geben,
tust du es auch, werd ich dich ewig lieben.

## Warum nur (Text)

Es ist doch ein Wunder, dieses Leben. Ein naturgeschaffener perfekter Ablauf. Doch eines hat die Natur vergessen, wir werden irgendwann erwachsene Menschen und leider hat sie uns eine Intelligenz mitgegeben, welche wir nicht ausschließlich dafür einsetzen, uns als Spezies selber zu nützen. Anstatt dieses Getriebe laufen zu lassen und uns des Lebens zu erfreuen, denn das könnten wir etwas bescheidener durchaus, feilen wir an diesen perfekt modellierten Zahnrädern herum, um sie nach unserem Dafürhalten noch perfekter zu machen, und werden dennoch nie zufrieden sein. Ich glaube, selbst eine Unsterblichkeit würde uns eines Tages nicht mehr reichen. Warum sind wir so? Warum knien wir nicht täglich voller Demut nieder und danken, dass wir sein dürfen. Jeder, der je die Entwicklung eines Kindes von der Stunde null miterleben durfte, muss wissen, wovon ich rede.

## Hoffnung der drei Worte

Hoffnung, wenn ein neuer Tag beginnt
und das Leben weiter rinnt,
dass er etwas für mich bringen mag.
Glaube, wenn sich eine Liebe zeigt,
dass sie ewig bei mir bleibt
und ein schönes Heim mir bauen wird.
Wissen, dass da jemand zu dir steht,
nicht beim ersten Zweifel geht,
der mit dir auch durch die Feuer schwebt.
Nur drei Worte voller Wahrheit
können schon der Regenbogen sein,
lass sie uns doch sagen,
einfach etwas wagen,
und wir sind dann niemals mehr allein.
Nur drei Worte voller Wahrheit
und mein Glaube wär zurück,
wenn ehrlich sie gemeint sind,
man nicht ein neues Netz spinnt,
bedeutet es vielleicht das große Glück.
Hoffnung, wenn der Glaube neu beginnt
und das Glück nicht mehr zerrinnt,
dass das Leben doch noch schön ist.
Glaube, dass die Hoffnung wieder lebt
und das Schöne nie vergeht,
bis wir endlich angekommen sind.
Nur drei Worte voller Wahrheit
können schon das Glück der Erde sein,
lass sie uns doch sagen,
einfach wieder wagen
und wir sind dann niemals mehr allein.

## Der Weg 2

Manch einer sagt, geh den Weg allein,
wohin er führt, wer weiß das schon,
doch man fällt und niemand wird bei dir sein,
schon klingen diese Worte wie Hohn.

Ach, könnt man doch mit jemand zusammen sein,
der so wie man selbst denken und fühlen kann,
man macht sich zu oft für andere klein,
Sehnsucht nach etwas Wärme dann und wann.

Will diesen Weg zusammen gehen,
bei jedem Abzweig sich in die Augen schauen,
ich glaube, das Ende des Waldes zu sehen,
aus den Steinen des Weges kann man Schönes bauen.

## Sehen

Sehen, wenn der Tag für mich erwacht,
vieles Gutes hält bereit,
lange war es doch nur Nacht.

Sehen, was das Herz mir wirklich sagt,
geh dann einfach geradeaus,
hab schon einiges gewagt.

Sehen, wer da wirklich vor mir steht,
kongruent zu meiner Seele,
glaubte nicht mehr, dass dies geht.

Sehen, dass das Leben doch noch lebt,
man sich alles sagen kann,
ohne dass der Boden bebt.

Sehen, dass es wirklich Liebe ist,
dieses lang verschollene Glück,
oh, wie hab ich es vermisst.

## Zweifel

Von Zweifeln zerschlagen, müde vom Rennen.
Farben verblassen schwarz-weiß diese Welt,
wehrte mich dagegen, die Wahrheit zu erkennen,
man läuft dabei rückwärts, bis man irgendwann fällt.

Hab versucht, irgendwie das Glück zu erzwingen.
Töricht, wer ernsthaft an so etwas glaubt,
ein Schritt nach vorn wird dabei nie gelingen
und hat mir den Glauben an die Liebe geraubt.

Doch das Leben, es wehrt sich dagegen,
weiß, dass es immer wieder Hoffnung gibt,
man muss ehrlichen Glauben doch einfach leben,
wem es das nicht wert ist, der hat nie geliebt.

Und dann kamst du, dies Geschenk des Himmels,
in dem Moment, wo man denkt, es geht nicht mehr,
kann man dennoch ein kleines Licht erkennen,
irgendwo kommt eine neue Hoffnung her,
die Macht hat, alle Zweifel zu verbrennen.

# Am Grab

Da war das kleine Mädchen an dem Grab, sie schaute gedankenversunken und nachdenklich, obwohl sie sie eigentlich nicht kannte. Er hatte ihr oft von ihr erzählt, von einer Liebe, welche sie ausstrahlte, einer Liebe, welche ihr am Ende vielleicht das Wertvollste nahm. Aber das war es ihr wert. Lieber gab sie den Ihren alles, als ein anderer Mensch zu werden. Niemand, der sie verbiegen konnte, nach außen hin manchmal schon, doch im tiefsten Inneren blieb sie, wie sie war. Sie hatte ihnen alles gegeben und doch hatte man sie am Ende verraten.
Das kleine Mädchen legte ihr Bild auf das Grab und befestigte es mit einem kleinen Stein, sie sollten nicht wegfliegen, diese bunten Luftballons. Ein Schmetterling setzte sich darauf und verharrte, als wolle er es anschauen. Er flog eine Runde um die beiden herum und war kurz verschwunden. Sie sahen ihn immer wieder, den ganzen Tag schien er ihnen zu folgen. Der Herbst begann die Blätter bunt zu färben, als wolle er sagen, schaut her, nicht alles ist schwarz und weiß, schaut auch mal weiter, schaut, wie schön es sein kann, das Leben, bemalen muss man es selbst. Er erzählte ihr, wie sie das konnte, immer mit ihren eigenen ganz besonderen Farben. Alles war bunt, wenn sie es nur wollte. Heute kann sie es vielleicht nicht mehr, das kleine Mädchen schaute ihn traurig an. Was würde er darum geben, ihr antworten zu können auf diesen letzten Brief. Sie folgten dem Schmetterling, sangen und waren fröhlich und wenn man genau hinhörte, konnte man jetzt eine weitere Stimme einstimmen hören. Die beiden lauschten kurz und sahen sich an, beide hatte sie gehört, diese Stimme, und der Schmetterling setzte sich neben sie auf diese gelbe Blüte.

## Zehn bunte Ballons

Zehn bunte Ballons zum Himmel steigen,
abgelegt unter diesem kleinen Stein,
farbenfroh die Botschaft, mit der wir uns verneigen,
ach, könntest du ab und zu nur bei uns sein.

Wie könnten wir dich doch heut und hier gebrauchen,
deine Liebe und auch den guten Rat,
was nützt es, wenn wir ab und zu die Friedenspfeife rauchen,
doch kaum jemand etwas für den andren tat.

Unerreicht wohl diese Freundschaft ihre Güte,
was gäbe ich darum, sie wären hier,
selbst im Winter wärst du eine bunte Blüte
und nicht so grau und streitsam wie wir hier.

## Tag für Tag

In einer Wolke gefunden,
lieben gelernt,
Ringe von Gold,
gelobt und geschworen,
ein Leben lang,
Ehrlichkeit gelebt,
Treue gegeben,
alles, was ich habe,
Tag für Tag,
diese Kinder, welch ein Glück,
ich will keinen Schritt zurück.

## Marie

Marie, Marie, du großes Mädchen,
auf das, was kommen wird, warst du gespannt,
jetzt hat man entgegen allen Versprechen
dein Lachen aus unserem Leben verbannt.

Mir bricht es das Herz, dich so zu sehen,
ich kämpfe, versuch deinen Anker zu halten,
während andere zum Richter gehen,
um dein Gewissen für dich zu verwalten.

Ich hab nie gewollt, was plötzlich passiert,
hab ich doch versprochen, stets Leid abzuwenden,
hab einfach alles nur repariert,
als es frühzeitig anders neu zu gestallten.

Jetzt kommen die Schatten aus ihren Tiefen,
umgarnen dich mit ihren kaltwarmen Händen,
die bislang vor jedem Problem davonliefen,
wollen unseren Pakt nun beenden.

Sie können nicht wissen, was wahre Liebe ist,
sie hätten versucht, diese mit zu leben,
doch wer sie nicht kennt, sie auch niemals vermisst,
sie können sonst nichts weitergeben.

Marie, Marie, dachte, ich hab keine Tränen mehr,
doch werde ich nun eines Besseren belehrt,
diese Last auferlegt wiegt tonnenschwer,
kaum einer, der sieht, was dein Herz begehrt.

Noch versuche ich, unser Sein über Wasser zu halten.
Ich weiß nicht, ob meine Kraft noch reicht,
jeden Tag werden sie deine Seele spalten,
bis dein Glaube aus dir weicht.

Marie, Marie, eins kann ich versprechen,
egal was nun kommt, ich bin für dich da,
einst geschworen werd ich dies niemals brechen
und irgendwann sind wir den Himmel wieder nah.

Wie viel der Meinen haben davon gewusst,
doch keiner für uns durch die Glut je ging,
war es fehlender Glaube oder fehlende Lust
oder die Angst, dass man selbst Feuer fing.

Wenn es Gerechtigkeit gibt, dann wird sie sie treffen,
welche die Liebe in Krieg verwandeln,
jeder irgendwann seine Strafe erhält
und dabei gibt es nichts zu verhandeln.

Marie, Marie, was kann ich noch sagen,
werd versuchen, einfach alles weiterzugeben,
vielleicht dass mich irgendwann jemand erhört
und bringt uns zurück unser liebendes Leben.

# Vom nicht Erinnern

Menschen vergessen, erinnern sich nicht,
Dinge passieren, werden einfach geschehen,
wir leben in den Tag, erfüllen unsere Pflicht,
während wir die tiefsten Täler nicht sehn.
Ohne zu ahnen, den Abgrund entlang,
bleibt die Hoffnung, das Richtige zu tun,
liegen lassen den, der nichts verlangt.
Gewissen und Verstand lässt man ruh'n.
Doch da sind noch Menschen, die Liebe geben,
oft genug werden die nicht gehört,
die opfern dafür ihr halbes Leben,
man vergisst sie, weil es manchmal auch stört.
Zugehört oft nur mit einem Ohr,
Meinung gebildet, das Urteil gefällt,
gibt es Trümmer, steht man schweigend davor,
hadert und verflucht sie, diese ungerechte Welt.
Doch was bleibt, ist die Hoffnung, dass da irgendwer ist,
der noch ohne die Waage gut leben kann,
der nicht den anderen mitzunehmen vergisst,
manch Leben fängt sehr oft von vorne an.

## Spaß

Es ist ein Spaß, mit dir Spaß zu machen,
spinnen, singen, auch mal streiten,
wenn ich nur ein Lächeln krieg,
kannst du auf mir zur Sonne reiten.

Es ist ein Spaß, dir nur zuzusehen,
wie du täglich lernen magst
und Freude hast und diese lebst
wider allen Ernst.

Ein Spaß ist es, dich tanzen zu sehen
mit immer neuen Kleidern,
ein geordneter Schrank ist überschätzt,
wer könnte dies verweigern.

Es ist ein Spaß, deine Bilder zu sehen,
täglich bekomm ich sie neu,
ich glaub, ich muss neue Wände bauen,
doch der Sammelwut bleib ich gern treu.

Es ist Spaß, mit dir Geschichten zu spinnen,
Träume zu leben, als wären sie da,
hier wird nicht verloren, man kann nur gewinnen,
es ist ein Spaß, wenn dies wird klar.

Welch ein Spaß, deine ständige Ungeduld,
dieses Weiterwollen jetzt und gleich,
komm ich nicht hinterher, fühl ich eine Schuld,
doch dass dies so ist, macht mich unendlich reich.

Es ist ein Spaß, dich wachsen zu sehen,
täglich neue Blüten sprießen,
trage deine Farben in die Welt
und ich muss nur düngen und gießen.

Es ist ein Spaß, mit dir Spaß zu machen,
spinnen, singen auch mal streiten,
gib mir ein Lächeln und steig auf,
lass uns hin zur Sonne reiten.

## Der Weg 3

Ein Horizont und da eine Wolke und ein Traum,
wo ist die Himmelsleiter, um ihn zu erreichen.
Sprossen aus Glauben, Streben und Vertrauen,
mal wird man fallen, niemals wird man weichen.

Der Weg ist steil, nicht alle kommen mit,
doch darf man ihn nie alleine gehen,
beim nach vorn Schauen vergiss nie den Blick zurück,
dort kann man seine Ziele sehen.

Die Wege nicht immer eben und klar,
die guten aber werden stets bewacht,
nie darf man vergessen, dass dies so war,
bevor man die Zukunft zu der seinen macht.

Man wird ankommen, vergessen und leben,
fast genau da wollte man doch hin,
nun kann man Dinge weitergeben,
nur so macht dies Streben einen wahren Sinn.

## Es ist an der Zeit

Es ist an der Zeit, an das Leben zu denken,
nicht nur über das seine, auch zurück in den Nebel,
nicht nur auf befahrene Straßen sich lenken,
sich verstecken auf der Suche nach der Einfachheit.

Kann sein, dass Vergessen über einen entscheidet,
süßer Honig, der viel zu lange gelegen,
irgendwann Verdorbenes einem Schmerzen bereitet,
weil man vergaß, so manch Großes zu pflegen.

Kann sein, dass man achtlos Tücher zerreißt,
vergessen, dass sie mit dem Leben verbinden,
in der Sommersonne heißer Glühwein vereist,
wie splitterndes Glas sich im Winde verteilt.

Kann sein, dass andere Seelen dies spüren,
sich winden, sich wenden irgendwann ab,
manchmal reicht es, sie einfach neu zu berühren,
oft rettet man mehr als nur dies eine Leben.

Es ist an der Zeit, an das Leben zu denken,
nicht nur an das seine, schau zurück in den Nebel,
den Mut zurück auf die Straßen zu lenken,
nie verstecken auf der Suche nach der Einfachheit.

## Wenn es Herbst wird

Wenn es Herbst wird und die Sonne macht sich rar,
man in Erinnerungen zu leben beginnt,
die Welt verändert, nichts bleibt, wie es war,
manchmal meint man, das Schöne verrinnt.

Und dennoch, es leben doch die Farben,
wer lieben kann, der wird dies sehen,
sie überstrahlen die entstehenden Narben,
die Zeit, sie wird sich weiterdrehen.

Die Kälte naht und sie wird kommen,
gut ist, wenn da Menschen sind,
die man im Leben mitgenommen,
so man der Dunkelheit entrinnt.

Wenn es Herbst wird und die Blätter fallen,
man ist müde, der Sommer war so lang,
die Tage, sie ziehen wie ein trunkenes Lallen,
man sagt, es fängt alles von Neuem an.

## Die Chance

Niemand sagt, das Glück kann man finden,
keiner, der es auf der Straße liegen sah,
ist es zu leihen oder an sich zu binden,
kann man es sehen, ist es irgendwie nah.

Niemand hat gesagt, das Glück, es kann bleiben,
hat es doch stets sein Ränzlein geschnürt,
nichts würde lohnen, es jemand zu neiden,
dessen Herz es etwas länger berührt.

Niemand, der sagt, es wäre geblieben,
wohl kaum wer, der es auf ewig sah,
bittere Geschichten hat es geschrieben,
mal dem Himmel, mal dem Abgrund so nah.

Jeder sagt, Glück kann einen verlassen,
bei Gewohnheit wird es irgendwann gehen.
Niemand dennoch sollte beginnen zu hassen,
jeder sollte darin die wahre Chance sehen.

## Über das Leben

Ich bleibe hier nicht stehen,
doch geh ich keinen Schritt zurück,
das ist das Streben nach Glück.
Ich bin leise, ich bin still,
trau mich nicht mehr zu bewegen,
möchte nicht dabei sein, wenn es zerbricht,
lass es stillstehen das Leben.
Doch Zeit unaufhaltsam rinnt,
am Morgen geht die Sonne auf,
nie bleibt es dunkel, regende Glieder,
mit dem Streben zum Besseren,
nichts, das je bleibt, wie es war.
Ein Kommen und Gehen,
Licht und Schatten, verzaubertes Spiel.
Es lässt sich nicht halten,
man kann nichts bewachen.
Es ist nichts geschenkt, muss weiterziehen,
rennen, laufen, es einzuholen.
Schwerer Atem nicht ewig reicht,
Ruhe suchend niederlassen,
weitergebend niemals vergessen.

## Weitergehen

Ich ziehe den Hut vor einem Leben,
knie nieder und verneige mich,
versuche, diese Werte weiterzugeben,
ein jeder kann daraus lernen für sich.
Das Schöne sehen, stehen bleiben.
Genießen jeden Augenblick.
Wundern, staunen, irritiert sein.
Weitergehen, weitergehen.
Verstehen, versuchen, nicht nur glauben.
Stehenbleiben noch einmal.
Zweifel leben, fragend zeigen.
Weitergehen, weitergehen.

## Der Fluss des Lebens

Da fließt er hin, der Fluss des Lebens,
wir mittendrin und schwimmen mit,
auf Dauer stromaufwärts ist vergebens,
der Strom holt uns immer ein Stück zurück.
Ab und an ein besserer Schwimmer,
der glaubt, näher zu kommen der Quelle,
doch sie erreichen wird er nimmer.

## Dankbar

Dankbar sein für etwas Zeit, sie rennt.
Dankbar für jeden kleinen Moment.
Dankbar, wenn einen die Liebe findet.
Dankbar, wenn jemand sich an einen bindet.
Dankbar für die Dinge, die einfach passieren.
Dankbar für alles, was sie reparieren.
Dankbar für die kurze Zeit, die gegeben.
Dankbar dafür, nicht alleine zu leben.
Dankbar für jedes liebe Wort.
Dankbar für einen besonderen Ort.
Dankbar für alles, was da noch bleibt.
Dankbar, wenn sich die Liebe zeigt.

## Des Herbstes Tausende Farben

Des Herbstes Tausende Farben
in der späten Sonne launig erscheinen,
ein Schatten kann sie verändern,
dass die Schönheit man nicht sieht.
Der ach so goldene Herbst
wird grau auch nur erscheinen,
wenn man sich aus dem Licht
in trügerische Dunkelheit begibt.
Für ein paar goldene Tage
späte Farben der Natur verschenkt,
was bleibt, sind verborgene dunkle Narben,
allein mit viel Liebe zu bemalen.

## Schulde dem Leben

Schau täglich hinauf zu den Sternen,
es bedrängt mich dieses Gefühl,
sie scheinen sich zu entfernen,
denn hier wird es merklich kühl.

Wenn man glaubt, man tut etwas richtig,
wird man schnell eines Besseren belehrt,
Dinge, die einst mehr als wichtig,
schon morgen wieder verkehrt.

Ich schulde dem Leben ein Lachen,
auch wenn ich es täglich tat,
es gilt immer, etwas noch besser zu machen,
es gibt keinen endgültigen Rat.

Macht der gesprochenen Worte,
ich sprach sie und immer von vorn,
sie landen an einem geheimen Orte
und irgendwann waren sie verlor'n.

Menschen, die von Liebe sprechen,
verlieren sich plötzlich ins Schweigen,
glaubende Herzen täglich brechen
und so werden sie sich zeigen.

Ich schulde dem Leben die Liebe,
sie wollte nie lange bleiben,
gäbe es etwas, das ewig bliebe,
wohl würde man darum streiten.

Doch es gibt sie, die wenigen einen,
die nicht fragen, nur fühlen und sehen,
sie lassen bei Regen die Sonne scheinen,
wo andre vorbeigehen, bleiben sie stehen.

Sie schätzen die lachenden Augen
und zahlen dies täglich zurück,
sie weigern sich, das Schlechte zu glauben,
und dies ist wahrhaftes Glück.

Ich schulde dem Leben ein Lachen
dafür, dass es dies für mich gibt,
nichts, was man könnt besser machen,
es ist, was am Leben man liebt.

# Zusammen

Gehört, gesehen, weitergegangen,
zusammen schon eine ganze Zeit,
mal leise, mal laut, niemals gefangen,
kein Weg darf erscheinen zu weit.
Mal seicht über weiches grünes Moos,
mal drücken sich spitze Steine ein,
verloren hat nur, der lässt los,
der es nicht tut, wird stets der Richtige sein.
Die anderen wird es immer geben,
scharfe Schwerter, die dazwischenhauen,
am Ende ist es Neid, nicht das wahre Leben,
beim Pflegen der Wunden muss man sich vertrauen.
Weitergegangen, sich hören und sehen,
zusammen noch eine ewige Zeit,
genießen jede Minute, denn einmal muss man gehen,
Liebe ist es, die von der Angst befreit.

## Welch ein Morgen

Welch ein Morgen, etwas liegt in der Luft,
etwas beginnt sich in dir zu bewegen,
dieses Haus, es ist anders, ein besonderer Duft,
heut beginnt wieder neu dein eigenes Leben.

Lange gewartet, heut ist es so weit,
viele Dinge beginnen zu beben,
bist für die Zukunft und sie für dich bereit,
es beginnt dieses Nehmen und Geben.

Was wird passieren ab heute und hier,
ich schwöre dir, alles wird gut,
stets eine Rüstung wünsche ich dir
und für den Rest den nötigen Mut.

Ich weiß es, ich kann dir vertrauen,
deine kleine große Faust auf meiner
und du kannst stets auf mich bauen,
dazwischen drängt sich keiner.

Du hältst Wort und ich geb dir meines,
keine Welle wird über uns brechen,
ein Herz, das alle Zeit rein bleibt,
Blicke, die Bände sprechen.

Nun geht es los, ein Blick zurück,
fest hält deine Hand meine,
du schaust mich an und ich zurück,
wirst spüren, was ich meine.

Hey, meine Große, heut ist dein Tag,
genieß ihn, er bleibt für ein Leben,
hör auf die Worte und wie man sie sagt,
lerne in Demut vom Nehmen und Geben.

## Über mein Leben

Ich bleib in einer grünen Wiese stehen,
den Blick dem Himmel entgegen gewandt,
den Tau spüren an nackter Haut,
was kann es Größeres geben.

Das Spüren wieder erlernen,
das Schätzen eines Geruchs,
wieder fühlen, woher wir kommen,
in Dankbarkeit entgegennehmen.

Auch mal bleiben, wo man ist,
nicht immer höher und weiter,
wichtig kann hier sein mehr denn je,
vielleicht ist hier, wo man gebraucht.

Weitergegangen, ohne zu zögern,
zurückgelassen einen wichtigen Teil,
Wunden gerissen, ohne zu spüren,
und dabei sich selbst verlieren.

Ich bleib auf einer grünen Wiese stehen,
den Blick dem Boden zugewandt.
Tau brennt in den Wunden der nackten Haut,
denke nach über mein Leben.

## Kanäle

Kanäle verschwiegen, verworren wie das Leben,
beginnen, wo sie enden, weiß man nie.
Boote da, ein Singen möchte hier verweilen,
manchmal Stille, die vergisst man nicht.
Treibenlassen, innehalten, Demut vor dem Jetzt und Hier,
auf einer Ader dieses Lebens mitgenommen Richtung Ziel,
weiß wohl, wie es begonnen, das Ende unbekannt,
ob morgen oder Jahren verschwiegen, verworren, Stille.

## Der Schatten

Man hat mir einen Schatten angehängt,
als Kind schon ganz lang her,
es ist, als man mich in fremde Sachen zwängt,
es wird gesagt, dass es mein eigner Schatten wär.

Versuchte alles, lief selbst aus dem Licht,
der Schatten blieb und folgte mir,
verstecken aber wollte ich mich nicht,
entgegen stell ich mich der andren Meinung Gier.

Konnte schlendern, rennen, den höchsten Berg besteigen,
man sah ihn selten immer und er kam doch zurück,
ich versuchte, ihm mein eigen Gesicht zu zeigen,
zu oft verjagte er das Glück.

Ich legte mich flach auf die Erde,
mich kleinzumachen, unsichtbar,
es war, als wenn ich noch viel größer werde,
und alles wurde so, wie es war.

Der Schatten, er blieb immer hinter mir,
wird mich verfolgen wohl über den Tod hinaus,
manch einer nahm ihn ins Visier
und drehte neue Stricke daraus.

Was kann ich tun, nur weitergehen,
er wird mich nie überholen,
er kann mir nie in die Augen sehen,
hat viel Glück, doch nie die Seele gestohlen.

# Rennen

Müssen rennen, immer rennen, versunken tief im Glück,
zu allem, was wir tun, fällt es leicht, sich zu bekennen.
Lehren hinter uns vergessen, der Blick zurück,
immer weiter, niemals schlendern, immer rennen.

Vergesst doch diesen Nathan mit der erhobenen Hand,
man eure Zeiten sind vorbei, seht es doch ein,
der Leiden genug, ward Zeit, dass wir davongerannt,
ihr wart nicht gut, wir werden besser sein.

Immer weiter schneller rennen, auf dass der Schatten
nicht folgen kann
die alten Nester, man muss sie zertreten,
und kommt unser Schatten doch einmal zu dicht
an uns heran,
erklären neu wir ihm das Leben.

Die Gedanken sind frei, man kann sie nicht fangen,
wir leben von Visionen, bis man den Boden streift,
sie sind immer da, selbst wenn der Letzte gegangen,
manch einer von ihnen bleibt ewig ungereift.

Tausende kleiner Wege, ein paar davon führen ans Ziel,
enge Gassen einen winzigen Spalt weit offenstehen,
dies nur mit dem eigenen Blick zu versuchen,
ein verlorenes Spiel,
nicht rennen, umsichtig schlendernd den richtigen gehen.

## Vom Verlorengehen (Text)

Die Welt ist oberflächlich geworden. Man beurteilt, was man hört, man vergleicht, wie es klingt, man urteilt, wie es aussieht, und man schaut nicht unter die Haut, man vergisst nachzufragen. Und dennoch vergleicht man …, wie soll das gehen? Menschen hören auf zu reden, das macht mir Angst. Bei allen Vorteilen, welche all die neuen Errungenschaften im Netz und Kommunikation zu bieten haben, vergisst man, dass beides nebeneinander funktionieren muss, sonst geht man sich verloren und was viel schlimmer ist, man scheint es nicht zu merken. Immer häufiger hat man das Gefühl zu stören, wenn man reden möchte, kann man doch auch schreiben, spart doch Zeit. Ich frage mich, wo die Zeit hinfließt, welche wir sparen, denn sie scheint täglich knapper, scheint eher schneller zu vergehen, oder liegt das daran, dass wir sie uns nicht mehr nehmen, erschien eine Stunde vielleicht einfach länger, weil wir sie bei einem guten Wein mit echten Leben, mit Gesprächen über Gott und die Welt und ja auch über uns und unsere eigenen Gefühle füllten. Heute schickt man Fotos, früher war man dabei und es war komplizierter und tausendmal zeitaufwendiger von A nach B zu kommen. Viele haben das Reden verlernt, man erlebt es täglich und überall, viele reden nur, um zu urteilen, urteilen über Dinge, die sie anders sehen könnten, wenn sie wirklich darüber reden würden. Man schließt sich ein in hohe Mauern in seinen inneren Kreis, kaum jemand gelingt es noch dazuzustoßen, aber … man kann ja schreiben, mailen und ja, da ist ja auch noch Facebook oder WhatsApp. Die Chance, Dinge Auge in Auge zu lieben, zu lösen oder einfach nur zu diskutieren, versinkt in einer endlosen Anonymität. Wenn wir nicht mehr weiterwissen, drücken wir den Knopf und die Probleme sind weg, wir können uns nicht mehr verteidigen, müssen jedoch auch nichts mehr rechtfertigen und notfalls können wir einfach nur schweigen …, aus sicherer Entfernung inmitten unserer hohen Mauern. Lasst sie doch wachsen, die Sorgen und Probleme, an uns kommen sie nicht mehr ran. Manchmal jedoch werden sie die obere Kante der Mauer erreichen und dann weiß man nicht mehr weiter und irgendwann fällt es vielleicht aus, das Netz. Die Welt ist oberflächlich geworden und so empfindet man plötzlich, dass die Alten aus dem Grab heraus mehr zuhören als die scheinbar Lebenden hier auf dieser Welt, deren Oberfläche wir wieder mehr mit Leben füllen sollten, und die Stunden würden wieder länger werden, die Zeit für all das Schöne wäre wieder zurück. Wir gehen uns verloren und die es merken, sich dagegen wehren, bekommen zumindest ein mitleidiges Lächeln, das bekommt man noch hin, ehe man das Tor wieder schließt.

## Beisammensein

Zuhören, Beisammensein, einfach eine kurze Zeit.
Zeitreisen von Station zu Station,
den einen halten, den anderen mahnen,
ohne belehrend zu sein.
Liebe kann entstehen, Gemeinsamkeit wachsen,
das Herz, es wird leichter, das Leben auch,
gemeinsames Nicht-Verlorengehen,
ein enger Bund, der größer wird.
Überleben genau in dieser Zeit,
die Stunden zu Tagen gemacht,
jeder, der Eintritt in diesen Kreis,
wird eine andere Wärme spüren.
Beisammensein eine gemeinsame Zeit.
Zeitreisen von Station zu Station.

# Ehrlich

Wenn man ehrlich glaubt, sehr viel über Menschen zu wissen,
höre man ehrlich und besser in sich selber hinein.
Man würde dann eher die weiße Fahne hissen,
als ein Lehrender für viele andere zu sein.

Das Leben besteht nun einmal aus Wahrheit und Pflicht,
der immerfort während, tagtägliche Lauf,
eine Scheinwelt dahinter, die sieht man oft nicht,
schaut man nur kurz von oben darauf.

Nur die in die verborgenen Untiefen gehen,
werden auf oft unbequemeren Wegen
auch nur vielleicht eines Tages die Wahrheit sehen
und nicht große Tücher des Schweigens überlegen.

Da entdeckt man viel Liebe und Ehrlichkeit,
jedoch auch die Lüge in vielen dieser Augen,
erst frühestens dann ist man wirklich so weit,
Worte zu wählen, die tatsächlich taugen.

Doch so geht man weiter den kürzesten Weg,
man schlichtet, ohne das Problem zu benennen,
oft gelangt man so auf den schmaleren Steg
und wird viele Dinge niemals erkennen.

Was Augen sehen, ehrlich in Worte gewandelt,
was die Ohren hören, ehrlich wiedergegeben,
nur so hat man ehrlich richtig gehandelt
und kann ehrlich mit gutem Gewissen leben.

## Ein kleiner Lichtstrahl

Ein kleiner Lichtstrahl ging auf eine Reise
und beleuchtete die Welt,
tat dies auf seine eigene Art und Weise
und nicht, wie es jedem gefällt.

So sah er ganz helle Zeichen,
die gaben ihm ein Signal,
doch auch welche, die dem Licht ausweichen,
deren Lügen würden zur Qual.

So manch einer stellt sich gern in die Sonne
und ist nur die Hälfte wert,
stellt sich in das Licht voller Wonne
und wird von Unwissenden verehrt.

All dies versucht der Lichtstrahl zu zeigen
auf seiner Reise durch unsere Welt,
zu wenige sich dafür dankend verneigen,
da die Wahrheit so meist schwerer fällt.

# Vorwärtsgehen

Keine Sekunde bleibt das Leben stehen
und manchmal hilft ein Blick zurück,
um sicheren Fußes vorwärtszugehen
und nie zu gefährden das eigene Glück.

Irgendwann meint man, alles zu kennen,
all das, was für einen vorgesehen,
doch manchmal hilft da auch kein Rennen,
da zu viele Dinge über uns stehen.

Oft sind sie nicht für immer, diese Glücksmomente,
und während man schon in die Zukunft schaut,
kommt aus dem Nichts für manches das Ende,
man glaubte, es sei auf sicheren Steinen gebaut.

Da hilft es, zu sich selbst zu stehen,
nicht nur Visionen, die man jetzt sah,
vielleicht auch mal zu den Wurzeln gehen,
denn deren Kraft ist immer da.

Keine Sekunde bleibt es stehen, das Leben,
hält täglich etwas Neues bereit,
wird täglich neue Weisheiten geben,
mal Engel, mal Teufel, der ewige Streit.

## Wenn ich sie heute vor mir sehe

Wenn ich sie heut vor mir sehe,
mal fröhlich, mal mürrisch und wehendes Haar,
ich täglich wieder auf Zeitenreise gehe
und Bilder laufen ab, wie es einst war.

Dies kleine Springaufwesen, toll vor Übermut,
niemals konnte man ihr böse sein,
voll mit Flecken, das tat doch gut,
warum auch sollte es anders sein und rein.

Morgens bereits im Bettchen gewartet,
den Blick keine Sekunde abgewandt,
das Warten, dass unser Tag endlich startet,
ein Lachen mitten ins Herz mir gesandt.

Mal Bärenfamilie, mal Krabbelmaschine,
jeder Morgen eine eigene und heile Welt,
schwirrte herum wie eine hungrige Biene,
die all das Glück in den Händen hält.

So viele Jahre ist das nun her,
die Bären sind nie ausgestorben,
nur frühstücken sie mit uns nicht mehr,
können das nun ganz ohne uns besorgen.

Doch eines, was geblieben ist, nennt man Glück,
hatte es auch schwer, doch ist geblieben,
niemals lassen wir es zurück,
weil wir auch schätzen, was wir lieben.

Nun stehst du vor mir, eher Frau als Kind,
goldenes Haar und strahlende Augen,
wirst stets wissen, was wir füreinander sind,
weil nur gute Gedanken für uns taugen.

## 12 Taschen (Text)

Es müssen so an die zwölf großen Einkaufstaschen gewesen sein, sauber in zwei Linien aneinandergereiht. In der Mitte eine Frau, welche immer zwei Taschen anhob und vielleicht zehn Meter nach vorn trug, um sie wieder abzustellen. Dann verweilte sie kurz, ging zurück, um die nächsten zwei Taschen zu holen. Sie schienen ihr schwer zu sein, diese vollgepackten Behältnisse. Irgendwann standen schließlich alle Taschen wieder in derselben Formation. Ich sah diese Frau heute das erste Mal und sie war sehr weit entfernt. Trotzdem blieben meine Blicke an diesem seltsamen Schauspiel hängen, welches gerade auf ein Neues begann, wieder zehn Meter, zwölf Taschen, immer paarweise nach vorn transportiert. Da haben sie wohl ein paar Helfer im Stich gelassen, dachte ich mir, und nun muss alles trotzdem von A nach B. Mein Hund begann gelangweilt kräftig an der Leine zu ziehen und irgendwie hatte ich die Sache auch schnell vergessen. Manchmal gibt es skurrile Dinge, dachte ich mir, vielleicht sollte sie ihren Freundeskreis überdenken, schmunzelte ich in mich hinein. Am kommenden Tag, die Sonne schien noch am späten Nachmittag heiß, die übliche Runde. Weit über 30 Grad schrien vehement nach einem kühlen Bier. Die sandigen Wege entlang, vorbei an den wunderschönen alten Bäumen, deren knorrigen Äste sich auszustrecken schienen, um die Sonne zu genießen. Was hatten die schon alles erlebt, dachte ich mir, goldene Zeiten, viele von ihnen dann aber auch die Bomben des Krieges. Ob sie wohl genauso verzweifelt waren, festgewurzelt chancenlos ausgeliefert zu sein. Diese alte Eiche auf der rechten Seite fiel mir täglich ins Auge. Welch wunderbares Baumhaus könnte man darauf bauen, dachte ich mir, während der kleine Terrier sich heimlich den Mund mit Eicheln füllte und diese nach einem scharfen Blick, wie er glaubte, unauffällig wieder ausspuckte. Noch 15 Minuten, dachte ich mir, dann gibt es dort diesen kleinen Biergarten. In Gedanken schwebte über mir bereits das beschlagene Glas mit dem kühlen goldgelben Inhalt. Kleine Tropfen bahnten sich an der Außenseite des Glases den

Weg nach unten. Und dann sah ich es, das konnte doch nicht sein. Zwölf Einkaufstaschen standen in zwei Reihen auf dem Weg, diesmal etwas näher. In deren Mitte eine Frau, welche sie paarweise eine nach der anderen um ein paar Meter nach vorn transportierte. Vielleicht sammelt sie Flaschen, dachte ich mir. Das macht Sinn. Sicher ein einträgliches Geschäft hier in diesem großen Park, wo doch achtlose Menschen nahezu alles zurücklassen, was für sie keinen wirklichen Mehrwert mehr zu haben schien. Von nun an sah ich sie nahezu täglich. Immer wieder die gleiche Prozedur. Einmal lief ich an ihr vorbei. Sie unterhielt sich mit einer Gruppe Frauen und Kinder, welche sich auf einer Decke auf dem Grün des Rasens zum Picknick niedergelassen hatten. Vielleicht tauscht oder verkauft sie Dinge, dachte ich mir. Im Vorbeigehen erkannte ich, dass der Inhalt der Taschen keine leeren Flaschen war, es war Kleidung und viele kleine undefinierbare Dinge. Mir wurde langsam klar, dass es wohl ihr gesamtes Hab und Gut sein musste, welches sie hier mit sich trug. Mit einem verstohlenen Blick lief ich vorbei. Sie schaute mir kurz direkt in die Augen und ich tat mich schwer, diesen Blick zu erwidern. Es war kein leidender Blick, sie lächelte und strahlte dennoch eine unfassbare Traurigkeit aus. Von nun an ging mir dieses Bild nicht mehr aus dem Kopf und während ich unbeschwert im Biergarten den Nachmittag genoss, vermischten sie sich unentwegt mit meinen Gedanken. Es schmeckte besonders bitter heute, dieses Bier. Sollte ich sie ansprechen, fragen, ob man irgendwie helfen könne? Aber vielleicht kränkt man sie auch damit oder stellt sie bloß, vielleicht löst man eine Scham in ihr aus, welche sie Dinge schwerer ertragen lässt. Immer und immer wieder begegnete ich der Frau und wartete auf einen Moment des Alleinseins mit ihr, um nicht noch mehr Aufmerksamkeit auf sie zu ziehen. Irgendwann, in genau solch einem Moment sprach ich sie an und fragte nach dem, was sie da tat und wie es dazu gekommen sei und ob man irgendwie helfen könne.

„Ach, mir geht es gut“, antwortete sie. „Jemand wollte mich nicht mehr und nun lebe ich hier. Eigentlich habe ich alles, was ich brauche, bei mir. Nachts suche ich mir einen Schlafplatz,

der Park ist groß genug und tagsüber bleibe ich so in Bewegung. In ein Heim möchte ich nicht zum Schlafen, da hört man so schlimme Dinge darüber, man ist dort nicht sicher."
Auf meine Frage, ob sie nicht Lust hätte, mir ihre Geschichte zu erzählen, antwortete sie nur kurz „Irgendwann vielleicht, heute habe ich so schlimme Kopfschmerzen. Ich komme zurecht. Ab und an bringen mir Menschen Essensreste vorbei."
Ich drückte ihr einen Schein in die Hand, vielleicht das mindeste, was ich tun konnte. Sie bedankte sich und lächelte mir noch lang hinterher.
Sprachlos lief ich weiter und mich quälte ein stumm schreiendes schlechtes Gewissen der Hilflosigkeit. Von nun an, wenn wir sie sahen, steckten wir ihr etwas Geld zu, immer mit dem Wissen, vielleicht etwas zu lindern, aber nicht wirklich zu helfen.

Auch dieser Sommer ging irgendwann vorbei und ich dachte ab und an darüber nach, wie oft diese zwölf, vielleicht auch mehr Taschen wohl diese skurrilen Runden durch den großen Park gedreht haben mögen. Als das Wetter schlechter wurde, waren wir kaum noch dort und immer häufiger verschwand diese Frau aus meinen Gedanken. Eines Nachts träumte ich davon, als ich bei der Armee auf Übungen bei über minus 20 Grad in Erdlöchern übernachten musste und trotz eines Feuers das Gefühl hatte zu erfrieren. Trotz Outdoor-Bekleidung der besonderen Art kein besonders gutes Gefühl. Der Traum war sehr intensiv, ich konnte meine schmerzenden erstarrten Glieder wieder spüren und nachdem ich erwachte, fühlte ich mich kalt und schlecht. Es war der Moment, als mir diese Frau wieder in den Sinn kam, es brauchte erst einen Moment, an dem es einem selbst nicht gut ging. Irgendwie hatte ich sie vergessen. Irgendwie vergessen wir all das, was wir nicht sehen können oder wollen, viel zu schnell. Wie mag es ihr jetzt gehen mit ihren zwölf Taschen unter irgendeinem Busch oder einer Brücke vielleicht? Es hat tagelang geregnet und dann kamen Schnee und Frost. All die Dinge, welche sie mit sich trägt, müssen längst restlos durchnässt sein. Seit Tagen schimpften wir über dieses Wetter, während wir aus unserer warmen Küche mit einem Glas Rotwein in der Hand nach draußen schauten. Oft dachte ich darüber nach und kam zu dem Schluss, dass jeder in solch eine Situation geraten kann, wirklich jeder und da ist egal, wer oder was du bist, es ist ein einfacher Kreislauf, ausgelöst durch einen kleinen, aber verhängnisvollen Schritt über die gut getarnte Kante eines endlosen Abgrundes, welchen man selbst oder einfach jemand anderes für dich geht, und man fällt ins bodenlose Nichts, aus dem man sich alleine niemals befreien kann. Man versucht sich zu halten, aber zu dünn sind die Fäden, welche man zu greifen bekommt, zu unvorbereitet ist man auf das, was nun passiert. Jeder wird dies unterschätzen und glauben, er sei davon ausgenommen, jeder glaubte dies, ehe er schmerzhaft eines Besseren belehrt wurde, und dann wird man schnell vergessen. Morgen werde ich sie suchen, dachte ich mir, ich muss diese Geschichte dahinter erfahren und wer weiß …

## Nur ein kleiner Schritt

Vielleicht ist es nur ein kleiner Schritt.
Vielleicht in die falsche Richtung gegangen.
Vielleicht riss dich einfach nur jemand mit.
Vielleicht wirst du dann nicht aufgefangen.
Vielleicht war es nur ein falscher Gedanke.
Vielleicht wird er wirklich zu einem Wort.
Vielleicht hat gefehlt eine warnende Schranke.
Vielleicht zur falschen Zeit am falschen Ort.
Vielleicht ward das Wort tatsächlich zur Tat.
Vielleicht war die nicht mehr aufzuhalten.
Vielleicht niemand gab den helfenden Rat.
Vielleicht das falsche Stück Holz gespalten.
Vielleicht aber kann auch jemand heilen.
Vielleicht jemand, der kann das Gute noch sehen.
Vielleicht nicht im eigenen Ich nur verweilen.
Vielleicht das Ende mit einem Anfang versehen.

## Was ich in mir trage

Was ich in mir trage, ist jede Menge Liebe,
hab sie auch nie verloren.
Verbrauch sie, auch wenn nichts für morgen bliebe,
denn täglich wird sie neu geboren.

Wie schnell kann es vorbei sein,
Augenblicke, die man nicht messen kann,
wir sind viel zu oft allein,
plötzlich, ganz unerwartet ist man dran.

Unzählige Wunden durch das Gehen durch Wände.
Verändern wollen mit brachialer Wut.
Zärtlich doch blieben stets meine Hände.
Etwas geben zu können, tut so gut.

In meiner Brust schlägt ein stetig wachsendes Herz,
vielleicht etwas zu oft an das Falsche verschenkt,
doch je größer es wird, umso mehr auch der Schmerz,
manchmal es wohl ins Niemandsland lenkt.

Hab genutzt jede einzelne Minute,
weiß sehr wohl, wie schnell es vorbei sein kann,
mal gibt es Zuckerbrot, doch ab und zu auch die Rute,
doch ich tat in diesem Leben stets alles, was ich kann.

Ohne meine Texte kann ich es schwer sagen,
manchmal sprudelt es einfach heraus,
habe ja die Last für mich tagtäglich zu tragen,
jede Geschichte hat ’nen Anfang und ist
irgendwann auch aus.

Und so hoff ich, kann noch so viel erzählen
und ich hoffe manchmal, da hört man mir auch zu.
Ich würde immer wieder die nicht leichten Wege wählen,
in mir drinnen da find ich niemals eure Ruh.

Immer wenn ich glaubte, bin der König der Welt,
kam aus dem Nichts die große Wende.
Selten kam dann jemand, der meine Hand hält,
doch auch der tiefste Sturz muss nicht bedeuten das Ende.

Jeder glaubt, über sich und andere alles zu wissen,
macht daraus eine eigene, seine Welt.
Nichts davon würde ich jemals vermissen,
wenn eines Tages dieser Vorhang fällt.

Der Bereich zwischen Versinken und alles OK
ist sehr oft kleiner, als man glaubt,
allein daran zu denken, tut so unendlich weh,
einfach, weil es jeder für sich erlaubt.

Nie den Glauben verloren, stets weitergemacht,
denn nur wenn man aufgibt, die Sonne erlischt,
dann wird es tatsächlich dunkelste Nacht,
hab daran gedacht und mich dabei erwischt.

Hab stets eine große Last getragen,
wenn ich auch oft fast in die Knie dabei gegangen,
ohne jemals den Plan B zu haben,
wo was endet, auch stets etwas angefangen.

Und manchmal, wenn ich allein hier stehe,
das Leben zieht an mir vorbei,
und dennoch spüre ich nicht meine Nähe,
bin in mir gefangen und dennoch frei.

Wir jammern doch hier alle auf sehr hohem Niveau,
haben einfach vergessen, wie gut es uns geht,
sehe ich all die schlimmen Bilder,
weiß ich nicht wirklich, wer dies versteht.

Unzählige Wunden durch das Gehen durch Wände,
wir alle müssen uns ändern, sonst ist es zu spät,
zahlreiche Narben, klar, doch das ist nicht das Ende,
immer weiter, immer weiter, weil immer was geht.

Ich kann nicht mehr weinen,
jetzt mache ich Schluss.
Jeder, wirklich jeder kann etwas meinen,
aber weil er es kann und nicht, weil er muss.

# Zuletzt

„Schau nicht ins Licht, sondern schau in den Schatten. Vielleicht findest du da, was du suchst.“ Oft noch dachte ich an diese Worte. Damals war ich mir nicht sicher, ob ich sie verstanden hatte. Wie oft hatte ich davon geträumt, diese Länder zu bereisen. Mit dem Finger wanderte ich über diese alte Landkarte. Das wettergegerbte raue Papier erzeugte eine Art Vibrieren, welches sich vom Finger in Form von Tausenden kleinen Erhebungen auf meiner Haut niederzulassen schien. Ich kannte die faszinierenden Bilder, den Zauber der Natur, die unglaublichen Schätze, welche diese Welt zu bieten hat. Welch glückliche Menschen müssen dort leben, dachte ich, während die Bilder in Hochglanz vor mir flimmerten. Einmal, nur ein einziges Mal all dies live sehen, die Gerüche wahrnehmen, diese Menschen berühren und etwas von deren Glück aufsaugen, mitnehmen zu sich nach Hause, in diesen grauen Alltag.

Berühren wollten diese Menschen jedoch uns und versuchten mit dem Finger das Weiß von unseren Armen zu kratzen, strichen sanft über das blonde Haar meiner Kinder.

Dann betraten wir diese kleine Hütte. Der Eingang war so niedrig, dass ein einfaches Kopfeinziehen nicht reichte. Die Augen mussten sich an die Dunkelheit gewöhnen. Nur ein kleines kreisrundes Fenster ließ einen spotartigen Lichtstrahl in den Raum fallen. In der Mitte eine kleine Feuerstelle, in Nischen der Lehmwand ein paar Krüge und Töpfe, auf dem Boden kleine geschnitzte Figuren aus Holz und Stroh. Ein einziger kleiner Seitenraum war Herberge und Schlafplatz für eine ganze Familie. Sie boten uns an, mit ihnen zu speisen, gaben ab von dem wenigen, was sie besaßen. Die Kinder rückten eng an mich heran und wollten, dass wir Fotos machten. Lachend betrachteten sie die Werke. Nie hatte ich auch nur einen Augenblick den Eindruck, dass sie etwas vermissten. Sie hatten sich und einer verließ sich auf den anderen. Jeder hatte seine Last zu tragen und trug sie mit Würde. Wie selbstverständlich dies doch ist, wenn man nur muss, dachte ich mir. Wir sollten von ihnen lernen, nicht sie von uns. Ich werde es hierher weitertragen, solang diese Bilder nicht in mir verblassen. Ich werde weiterhin versuchen, alles aufzuschreiben, alles, was ich fühle, höre, schmecke und sehe, alles, was ich für mich erfahre. Es wird mir helfen über diese Welt, wird mir und vielleicht auch anderen Kraft geben, denn dann war es nicht umsonst, davon zu berichten ..., was ich in mir trage.

für Marie Hannelore, Franz und Anne,
Jürgen und Hannelore

# Der Autor

Geboren im thüringischen Eisenberg, wuchs Robert Fripp in Leipzig auf und besuchte dort die Schule. Seine anfangs glückliche und wohlbehütete Kindheit wurde jäh durch einen schlimmen Ehekrieg der Eltern unterbrochen. Als er 13 war, starb seine Mutter viel zu früh im Alter von nur 39 Jahren. So wurde er zwangsläufig schnell erwachsen. Sein Blick auf die Welt veränderte sich von heute auf morgen und er begann, alles zu hinterfragen. Nicht nur Tiefen, sondern auch Höhen verarbeitete er in Gedichten und kurzen Geschichten. Aus zwei Ehen gingen drei Kinder hervor, von denen das jüngste noch bei ihm lebt. Auch zwei Enkel hat Robert Fripp bereits. Neben seiner Familie und dem Schreiben gehört sein Beruf zu den wichtigen Dingen seines Lebens. Er gründete Anfang der 2000er-Jahre aus Liebe zum Handwerk einen kleinen Betrieb und leitet diesen bis heute.

# Der Verlag

Bereits seit 1946 steht der Vindobona Verlag im Dienst seiner Bücher und Autoren. Ursprünglich im Bereich periodisch erscheinender Journale tätig, präsentiert sich der Verlag heute als kompetenter Partner für Neuautoren am deutschen, österreichischen und schweizerischen Buchmarkt. Engagement, Verlässlichkeit und Sachverstand – das sind die Grundpfeiler, auf denen der Verlag seit jeher sicher steht.

Sie möchten mit Ihrem Werk das vielseitige Verlagsprogramm bereichern? Der Vindobona Verlag garantiert Ihnen eine professionelle Prüfung Ihres Manuskriptes durch das Lektorat sowie eine zeitnahe Rückmeldung.

Genauere Informationen zum Verlag
finden Sie im Internet unter:

www.vindobonaverlag.com